命理高手
명리고수의 길

덕연 김재완 지음

도서출판 지천명

命理高手
명리고수의 길

초판인쇄 2017년 2월 17일
저　자 덕연 김재완
편　집 배경주
발행인 지천명 커뮤니케이션즈
발행처 도서출판 지천명(등록 제2013-27)
주　소 서울시 관악구 봉천로 381 3층
전　화 02-875-2444
웹사이트 www.sajuacademy.com
다음카페 cafe.daum.net/nsaju (지천명리사주학)
카　톡ID 지천명
정　가 30,000원
ISBN 979-11-951347-8-6 14180

・가격은 뒤 표지에 있습니다.
・이 책의 저작권은 저작권은 도서출판 지천명에 있습니다. 이 책은 저작권법에 따라 보호를 받는 저작물이므로 무단 전재 및 복제를 금하며 내용의 일부를 이용하려면 가나북스의 서면동의가 필요합니다.
・잘못된 책은 구입하신 곳에서 교환해 드립니다.

책을 열며

'나는 누구인가? 어디서 왔고 또 어디로 가는 것인가?'하는 질문에 명쾌하게 답을 내릴 수 있는 사람은 몇 안 되리라 생각된다. 이에 답을 얻기 위해 현재의 나를 보고 미래를 예측하는 학문인 명리학은 자신을 바라볼 수 있는 몇 안 되는 도구이다.

나는 이 공부를 하면서 소크라테스의 '너 자신을 알라', 데카르트의 '나는 생각한다. 고로 존재한다', 스피노자의 '내일 지구가 멸망한다 해도 한 그루의 사과나무를 심겠다.'라는 명언을 이해하고 공감할 수 있게 되었다. 또한, 『반야심경般若心經』에 나와 있는 '색즉시공 공즉시색色卽是空 空卽是色'이란 말은 동양학에서 말하는 음양의 이치를 여덟 글자로 압축하여 설명한 말임을 알 수 있었다.

그 외에도 많은 철학적 명언이나 담론들은 모두 인간의 그릇된 심리와 마음을 직관하고 통찰하여 현재 자신의 포지션을 인지할 수 있는 도구가 된다. 그런데도 사람은 자신의 마음속에서 일어나는 감정의 고개를 넘어가지 못하고 있고 오히려 그것에 휘둘려 자신의 의지와 상관없이 어디론가 휩쓸리고 있음에도 그것을 자신의 의지라고 착각한다. 대단한 착각이 아닐 수 없다.

자신이 착각하고 있다는 사실을 알면 더는 착각이 아니다. 그러나 자신의 착각을 굳게 믿어버리는 순간 삶은 또 다른 차원으로 흘러가 버리고 무언가로 포장된 자신의 존재는 더 이상의 참 존재적 인식을 인지하지 못하게 되어 버리고 만다.

모든 사람의 출발점은 다르고, 조상도 다르고 태어난 부모도 다르며, 자라나는 환경도 다르다. 단 한 명도 같은 유전자를 받아 같은 조건에서 살아온 사람은 없다. 이런 삶의 다른 조건은 서로 다른 율동을 만들어내게 되고 그 율동은 서로 다른 파장을 만들어내게 되어 결국 각자의 형태와 변화를 만들어내게 된다.

명리학命理學은 인간의 서로 다른 환경과 조건의 파장과 율동을 분석하는 학문이다. 인간 세계는 우열優劣과 대소大小, 상하上下가 존재한다. 그런데도 모든 인간의 조건을 우수하면서도 크고 높은 기준에서 평가한다. 또 사람의 심리는 장기적, 포괄적 관점이 아닌 단기적, 주관적 관점에서 분석하고 판단하려는 경향이 습관화되어 있다. 이러한 이유로 대부분 사람은 사람을 정확히 판단하고 평가할 수 없게 되고 많은 오류와 실수를 범하게 되는 것이다.

명리학의 역할은 크게 자신의 포지션을 알아 지금 자신이 할 일과 미래에 나아가야 할 방향을 제시해주고, 그러한 사유로 인하여 얻는 것과 잃고 포기해야 하는 것을 분명히 알게 해준다. 그래서 장기적인 안목을 세울 수 있게 하여주고 반복적으로 발생하는 실수와 오류를 줄여 좀 더 자신이 자신답게 살아갈 수 있는 지혜를 제공해준다.

사람은 무엇으로 움직이는가? 바로 마음이다. 마음이 움직여야 몸이 움직이는 것이다. 이 모든 세계는 사람의 마음으로 시작되어 움직여진 결과물이다. 오늘도 그 마음이 움직여 또 다른 세계가 창조되어 가고 있다. 이것은 우주 창조의 생生, 성成의 원리를 따른 것이다.

무형無形이 유형有形을 만들어내고, 유형은 다시 무형을 만들어내는 것이 바로 우주의 법칙이다. 그러므로 좋은 생각은 좋은 결과를 만들어내고 나쁜 생각은 나쁜 결과를 만들어내는 것이라 말 할 수 있다. 이는 『시크릿 Secret』이란 책을 통하여 이미 사람들에게 널리 알려진 바이다.

그런데도 책의 이론처럼 자신이 원하는 것을 얻거나 부자가 되는 사람은 적다. 왜 그런 것일까? 그것은 단순한 이론에 불과하기 때문이다. 이론적으로는 맞지만, 개인의 차이나 현실을 고려하지는 못하기 때문에 실제로 꿈이 현실로 이루어지는 경우는 드물 수밖에 없다. 사람이 어떤 것에 마음을 집중하는 것도 그럴 수 있는 조건이 되어야만 가능한 것이다.

복잡한 상황에 놓인 사람에게 무조건 마음만 집중하라고 한다면 그것은 불가능한 일이라 말할 수 있다. 만약 성공 출세가 꿈이라면 사람들은 그 꿈에만 집중한다. 그러나 성공 출세가 안 되는 것은 그것을 이루기 위해 추진해나갈 만한 마음과 조건이 갖추어지지 않았기 때문이다. 그것이 무엇인지 알면 분명 개선해 나갈 수도 있는 일이지만 그것이 무엇인지 알 수 없기에 성공 출세는 영원한 미지의 세계로 남게 되는 것이다.

다른 예로 인간관계에 대한 갈등이 많다. 조직 내의 갈등, 연인과 부부간의 갈등, 부모, 형제, 친구 간의 갈등 등 인간의 모든 갈등 또한 심리적으로 갈등을 일으킬만한 내면에 문제에서 비롯된다. 이런 많은 갈등을 겪고 있는 사람 중 대부분은 상대와 원만히 관계가 해결되길 원한다.

그러나 자신의 그릇된 견해와 입장에만 치우쳐 상대의 마음과 입장을 돌아볼 마음의 겨를이 없으므로 끝없는 갈등과 충돌을 일으킬 수밖에 없다. 상대의 마음을 알고 자신의 마음을 안다면 우리는 인간관계를 잘 풀어갈 수 있을 것이며, 이별이나 관계 단절 과정에서도 갈등을 일으키지는 않을 것이다. '지피지기 백전백승知彼知己 百戰百勝'이란 말이 있듯이 내 인생의 승자, 주인이 되려면 나도 알고 상대도 알아야 한다.

타고난 사주팔자는 그 사람의 욕망 모습과 형태를 나타내는 것이다. 이 세상에 욕심이 없는 사람은 없다. 남의 것을 뺏으려는 것도 욕심이고 내 것을 빼앗기지 않으려는 것도 욕심이다. 또한, 많은 활동을 통해 목적을 성취하려는 것도 욕심이지만 혼자만의 시간을 보내고 사색하는 시간을 갖는 것도 욕심이다.

사람들은 움직이지 않고 가만히 있으면 욕심이 없다고 생각하지만, 혼자만의 시간을 방해받을 때 불편해하고 화가 나는 것도 자신의 욕구를 침해당했다고 느끼기 때문에 화가 나는 것이다. 명리학은 그런 그 사람의 보이지 않는 욕구와 욕심 그리고 그것이 현실에서 어떻게 전개되는지를 관찰하고 분석하는 학문이다. 인간의 그러한 욕구를 구체적으로 관찰할 수 있는 학문은 필자의 견해로 볼 때 단언하건대 명리학 밖에 없다.

명리학은 사람을 몇 가지 유형으로 나누어 관찰하는 서양 심리학과는 달리 일 개인의 유형을 일일이 관찰할 수 있다. 그런 점에서 명리학은 심리뿐만 아니라 인문, 사회, 정치, 경제 등 모든 분야에 걸려 일어나는 그 사람의 고유 패턴을 관찰할 수 있는 학문이다. 그 가운데 심리는 인간학의 신비를 풀어가는 첫 번째 열쇠가 되는 것이기 때문에 명리학은 연구하는 사람들이 반드시 숙지하고 넘어가야 하는 과정이라 할 수 있다.

본 책의 과정은 크게 다섯 단락으로 구성되어 있다(음양의 심리, 오행의 심리, 육친의 심리, 운에 의한 심리, 종합 통변). 본서는 사주 심리과정을 직접 강의한 내용을 책으로 필사筆寫 편집하여 내 놓은 책이다. 이는 필자가 십여 년 동안 만난 사람들을 관찰하고 연구하여 얻어낸 소중한 결과물이다. 또한 본서 지천명의 명리과정의 고급과정의 강의를 필한 것 것이기에 사주명리의 기본적 지식이 있어야 저자의 깊은 의도를 심도 있게 이해할 수 있으리라 사료된다. 만약 내용이 난해하여 이해하기 어렵다면 저자의 『지천명리』시리즈를 습독한 연후 본서를 연구하시길 권해 드린다.

비록 모든 부분을 직접 손으로 일일이 서술하지 못한 점에 대해서는 독자 여러분께 양해를 구하는 바이다. 하지만 본 강의를 통해 명리학에서 단편적으로 이루어지는 심리적 판단을 넘어, 명리학으로 인간 심리 분석의 이론적 체계가 더욱 발전되길 기대해 본다.

丙申年 冬至 德緣 拜上

목차

제1장 첫째는 음양陰陽이고

1. 사주심리학 개론 | 13

2. 음양陰陽의 심리학 | 19

제2장 다음이 오행五行이다

1. 오행의 심리학 | 31
   1) 木의 심리 | 31
   2) 火의 심리 | 34
   3) 金의 심리 | 37
   4) 水의 심리 | 42

2. 없는 오행에 의한 현상 | 57
   1) 木이 없어서 생기는 현상 | 57
   2) 火가 없어서 생기는 현상 | 61
   3) 金이 없어서 생기는 현상 | 62
   4) 水가 없어서 생기는 현상 | 63

3. 심리적 육친 | 67

4. 용신用神과 기신忌神의 심리 | 71

제3장 그리고 육친이며

1. 육친과 운 그리고 희기의 결합 | 87

2. 없는 육친과 현상 | 99
   1) 비겁比劫이 없을 때 | 99

2) 식상^{食傷}이 없을 때 | 102
   3) 재성^{財星}이 없을 때 | 103
   4) 관성^{官星}이 없을 때 | 109
   5) 인성^{印星}이 없을 때 | 112

제4장 심리를 바라보자

   1. 오행과 육친의 심리 작용 | 119
   2. 정기신혈^{精氣神血論} | 128
   3. 학생 질의응답 | 135

제5장 이후로 운을 보고

   1. 운에 의한 심리작용 | 153
   2. 사주와 대운의 실전풀이 | 172

제6장 마지막 마음을 읽어내자

   1. 실전 풀이와 질의응답 1 | 215
   2. 궁합 실전해설 | 227
   3. 실전 풀이와 질의응답 2 | 231
   4. 대운이 걸어온 흐름 알기 | 245
   5. 연애와 바람기에 관한 심리 | 253

책을 마치며 | 266

Part 01

첫째는 음양陰陽이고

1
사주심리학 개론

    이번 주제는 심리학입니다. 심리학心理學은 입문 과정에서 언급해드렸던 내용이니 기본은 알고 계실 것입니다. 심리학이라는 관점으로 사주를 해석하는 방법을 알기 위해 심층적深層的으로 사람의 마음을 읽어가는 법에 대해서 강의하겠습니다.

    사람의 마음은 일단 어떤 상황을 해석할 때 모두 자기중심自己中心이 됩니다. 일간日干은 나我를 일컫는데 명리학은 모든 것을 일간의 관점으로 해석합니다. 여자 기준 일간의 관점에서는 식상食傷은 자식이고, 관성官星은 남편이며, 인성印星은 어머니를 말합니다.

    어떤 이유에서든 내가 자식한테 잘하는 것은 내가 좋아지기 위해서 하는 것이고, 남편한테 재생관財生官 하려는 것도 자신이 좋아지기 위해서 하는 겁니다. '당신을 사랑한다'는 말도 자기만족을 위해서 사랑한다고 하는 겁니다. 제가 늘 하는 말이 '사랑 좋아하십니다' 인데 어느 유명한 스님도 같은 말씀을 하셨습니다. 왜 그럴까요?

만약 상대방이 내가 원하는 것을 안 해줬을 때 더는 사랑하지 않는다고 얘기하게 되고 사랑이 식었다고 말합니다. 또 어떤 사람은 너무 오래 붙어서 살다 보니 사랑이 식은 것 같다고 하고 반대로 어떤 사람은 오래 같이 있어도 사랑이 식지 않는 것 같다고 합니다.

왜 이런 현상이 생겼을까요? 그 원리를 설명해보도록 하겠습니다. 인간 심리의 모든 것은 타고난 팔자八字 내에 있고 심리적인 근간根幹으로 되어있습니다. 일간이 천간天干에 나타나 있다는 것은 내가 하늘에 있다는 말입니다. 내가 하늘에 있다는 것은 심리적으로 어떻게 볼 수 있습니까? 나를 가장 우선으로 생각하는 경향이 있고 누구나 자신이 특별하다고 생각합니다.

어느 기업체 임원이 수백 명이 넘는 직원을 대상으로 개인 면담을 해보면 자기가 능력이 없다고 생각하는 사람이 한 명도 없다고 합니다. 또 자신의 성격이 나쁘다고 생각하는 사람도 없고 나름대로는 꽤 괜찮다고 생각한다고 합니다.

사람들은 모두 자기 착각 속에서 빠져서 사는 겁니다. 그런 나르시시즘 (narcissism 자기 사랑)의 착각이 그 사람의 주변 사람과 자신의 인생에 영향을 끼치면서 살아가는 모습을 우리가 흔히 말하는 '八字'라고 할 수 있습니다.

심리心理라는 것은 일간을 둘러싼 환경 속에서의 마음입니다. 대부분 마음을 이루고 있는 구조를 알 수 없으니 자기가 자기의 마음을 모르고 사는 경우가 많습니다.

[일간의 심리 설명 中]

상담하러 오시는 분들 대부분의 상담 내용이 '제가 어떻게 되나요, 저한테 어떤 영향을 미치나요.' 입니다. 오로지 나밖에 없습니다. 자기중심 생각 속에 갇혀있어서 생긴 고민과 문제를 해결하기 위해서 상담을 받는데도 그 원인이 자기한테 있다는 것을 깨닫지 못합니다. 사주 상담을 하다 보면 마음이라는 방향으로 해석이 좁혀져 들어갈 수밖에 없습니다.

표면적으로 보이는 모습은 돈이 나가고 들어오는 그런 현상들로 보이지만 실제로 만약에 돈이 나갔다고 하면 아웃OUT이고 돈이 들어왔다고 하면 인IN입니다. 그렇다면 돈이 들어오면 좋고 나가면 나쁜 것인가? 사람의 마음이 꼭 그렇지는 않습니다. 인과 아웃의 문제가 아니라는 겁니다.

어떤 때는 돈이 나가도 기분이 좋고 어떤 때는 돈이 생겨도 기분 나쁠 때가 있지 않습니까? 돈을 받아도 동정 받는다는 느낌을 받으면 기분이 나쁩니다. 예를 들어서 시어머니가 집을 사라고 돈을 보탰는데 며느리 입장에서는 달갑지 않을 때가 있습니다. 시어머니가 돈 좀 보태주고 얼마나 간섭을 하려고 할까 하는 마음이 있습니다.

이렇듯 나한테 돈이 들어왔다고 꼭 좋은 것만은 아닙니다. 어떤 사람을 만났다고 반드시 좋으리라는 법이 없다는 겁니다. 나에게서 돈이 나가고 들어오고의 문제가 아니라, 이 상황을 받아들여서 해석하는 기준과 판단의 문제인 것입니다. 자기의 감정에 따라 희비喜悲가 엇갈리는 겁니다.

사람은 모든 사물이나 상황을 주관적으로 판단하고 보는 경향이 있어서 겉으로 보이는 현상들이 '나'인 것처럼 착각하고 있다는 겁니다. 예를 들어 명품 가방을 들고 다니면 자신의 품격이 높다고 착각하는 사람들이 있습니다. 물론 명품은 그 자체로 가치가 높은 물건일수 있습니다. 그러나 명품을 쓴다고 그 사람의 가치와 품격까지 높아지는 건 아닐 수 있습니다. 명품은 경제적으로 높은 비용을 치러야하기 때문에 그만한 물건을 들고 다니면 경제적 능력도 있다는 것을 상징하는 것이기 때문에 그렇게 보여주고 싶은 심리가 생겨난 것이라 생각합니다. 여하튼 명품 자체가 문제가 아니라 경제적인 여유가 없으면서도 좋은 물건을 얻으려는 마음이 잘못된 것이라 생각합니다.

돈이 없으면 만 원짜리 가방을 사서 들고 다니면 됩니다. 가방의 용도는 물건을 담아서 지니고 다니는 것일 뿐 내가 누구인가를 보여주는 것이 아닙니다. 내가 돈이 많다고 뽐내려는 마음은 허영虛榮입니다. 남자들은 멋진 외제차를 타고 다니면 자신이 능력 있는 사람으로 보인다고 착각하는 것과 같습니다.

우습게도 기업은 사람들의 허영심을 이용한 마케팅을 하고 있습니다. 비

[심리의 3단계 설명 中]

싼 사치품이 자신의 가치를 나타내 준다고 광고하면서 우리를 유혹하고 있습니다. 어리석고 자존감이 낮은 대중들은 아무런 판단 없이 광고의 유혹에 넘어갑니다.

이 또한 비싼 외제차 자체가 문제가 아닙니다. 객관적 사실만 보면 좋은 외제차 타고 다닌다고 그 사람이 그렇게 대단해 보일 것까진 없습니다. 그런데 사람들이 부럽게 봐주니까 그 물건을 갖고 싶은 마음이 생기기도 합니다. 이는 허영을 부리고 싶어 하는 행동의 기저基底라 볼 수 있고 모두 나의 마음속에 있습니다.

심리작용心理作用은 과거, 현재, 미래 3단계로 나누어져 있습니다. 이 또한 동양의 천지인天地人 삼재사상三才思想과 궤軌를 같이합니다. 내가 과거에 어떻게 살아왔고 미래를 어떻게 바라보고 사느냐로 현재의 마음이 정해진다고 보면 됩니다.

미래를 꿈꾸고 있는 청사진과 과거에 겪었던 경험과 현재의 나의 입장이 세 가지를 통합해서 지금 부모가 필요한지 자식이 필요한지 배우자가 필요한지 판단을 내립니다. 누군가 나에게 필요한 가치가 있으면 사랑한다고 이야기하고 필요한 가치가 없으면 중요한 사람이 아니라고 생각합니다.

이러한 심리를 통해 그 사람 마음을 보면 이미 배우자 복이 있는지, 자식이 공부를 잘할지, 남편이 좋은 직장에 다닐지, 배우자와 사이가 좋을지 나쁠지, 바람을 피울지 안 피울지 이미 다 사주 원국 안에 씨앗으로 들어와 있습니다. 그래서 사주 원국을 먼저 보고, 대운에서 오는 글자에 따라 변화되는 것을 관찰해야 합니다.

사주 그릇에서 이미 정해져 버린 온도와 습도인 풍·화·서·습·조·한風·火·暑·濕·燥·寒이 어떻게 되어있는가를 먼저 판단하고 다음으로 운運을 봐야 합니다. 심리적인 내용과 해석도 여기에서 크게 다르지 않습니다. 따라서 심리적으로 사주를 해석하는 것은 사주 분석에 유용한 방법입니다. 어떤 사람이 건조하기 때문에 어떠한 행위를 할 것이다. 이 사람은 건조하지 않기 위해서 무엇을 좋아할 것이다 까지 해석해야 합니다.

사람은 본능적으로 안정을 이루려고 해서 자신의 어떤 부분이 한쪽으로 치우치면 반대작용을 통해 안정을 이루려고 합니다. 예를 들면 어릴 때 가난한 집에서 자랐으면 물질에 대한 집착이 부유하게 자랐던 사람보다 훨씬 많습니다.

또 누군가는 어릴 때 풍족한 환경에서 부족한 것 없이 자랐다면 성인이 되어 성공하려고 악착같이 노력하지 않는다는 것입니다. 이런 행동과 모습은 음양陰陽으로 볼 때 사람은 중심을 이루고 싶어 하는 기본적인 심리 때문입니다.

2. 음양陰陽의 심리학

음양으로 설명해 볼 때, 양은 어떤 마음입니까? 양은 긍정적이고, 음은 부정적인 마음 입니까? 단편적으로는 맞지만 무조건 그렇다고 보시면 심리 해석에 오류가 있을 수 있습니다. 양이라는 것은 외부 지향적이니 밖으로 나가려는 성질이 있습니다. 양은 무엇을 두려워하겠습니까? 아무것도 안 하고 가만히 있는 것을 두려워합니다.

양을 많이 쓰시는 분들은 가만히 있으면 정체됐다는 느낌이 있어서 뭔가를 하지 않으면 불안해합니다. 팔자에 水가 없는 사람이 가만히 있으면 불안한 겁니다. 여기에서 못 쉰다는 표현이 나옵니다. 자기도 모르게 끊임없이 뭔가를 하면서 말로는 피곤하다 합니다.

아래의 예제를 살펴봅시다.

[金, 水의 소통이 안 되는 경우 설명 中]

이런 상태에서 木, 火는 소통이 잘 되고 金, 水는 소통이 잘 안 되는 모습입니다. 金, 水가 모양만 있지 소통이 잘된다고 얘기할 수 없습니다. 운에서 巳·午·未 운으로 陽의 기운이 올 때 양이 확 펼쳐지는데 金生水가 잘돼야 양을 조절해서 쓸 수 있습니다. 그런데 세운에서건 대운에서건 午火나 未土가 올 때 子水가 맥을 못 춥니다. 계절에서 酉月과 申月은 차원이 완전히 다릅니다.

이런 시기에 양이 확 솟구쳐 오를 때 음이 기능을 상실하면서 양의 기능이 너무 과다해집니다. 우리한테는 양도 필요하고 음도 필요한데 양의 지나친 과다로 문제가 발생 됩니다. 음양이 지나쳐서 생기는 문제는 사주 구조에 달려있습니다.

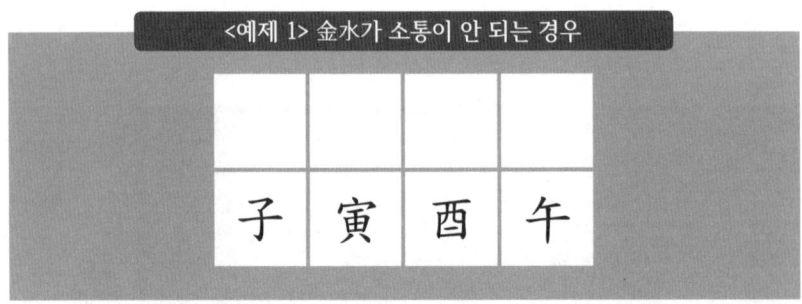

음양의 기운이 사주 원국에서 어디에서 정체가 되는지 또는 어느 부분이 자연스럽게 소통이 되는지를 봐야 합니다. 원국에 따라서 똑같은 火 대운을 만났는데도 양이 과다해지는지 그냥 적절히 쓰게 되는지를 봐야 합니다. 사주 원국에 亥水가 있어서 양을 적절히 쓰게 되면 운에서 巳·午·未로 양이 좀 많아진다 할지라도 문제가 생기지 않고 소비가 약간 늘어나거

[亥水가 양을 조절하지 못하는 경우 설명 中]

나 소비의 덩어리가 커지는 정도로 넘어가지만, 양을 조절하지 못하고 과다하게 될 때는 심각한 문제가 생깁니다.

원국에 金도 없고 亥水 하나 있는데 여름에 태어나서 대운이 양으로 올 때 어떻게 되겠습니까? 원국에 양이 지나친데 火 대운을 만나서 亥水가 버틸만한 여력이 안 됩니다. 쉽게 말해서 어떤 사람이 水는 있는데 金이 없다는 것은 예를 들어 일을 못 하게 되었는데 모아 놓은 재산도 없다는 것과 같습니다.

주위에서 도와줄 사람이 아무도 없으니까 굶어 죽게 되는 형국입니다. 원국에 양이 과다한데 巳·午·未 대운이 오면 양으로 완전히 치닫게 됩니다. 양이라는 것은 지나친 긍정입니다. 너무 지나치게 '괜찮을 거야, 잘 될 거야' 하는 낙관적 생각이 강하면서도 한편으로는 게으름입니다. 그로 인하여 그릇된 낙관적 판단과 관리 소홀이 겹쳐지면서 곤란한 상황에 처하게 되는 것입니다. 또한, 사회적으로 명예를 추구하면서 출세하려고 애를 쓰지만 음이 부족하면 아무 것도 이룰 수 없고 모든 것이 공중분해되고 맙니다.

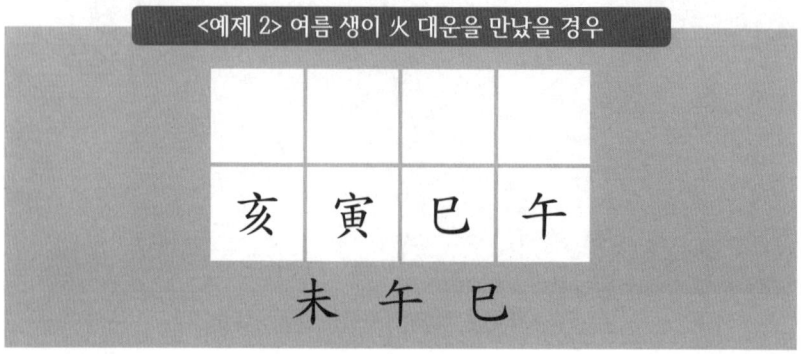

이 사람이 두려워하는 것은 사회적인 경쟁에서 도태되고 세상 사람들로부터 외면 받아 사회적으로 단절되는 것을 굉장히 두려워합니다. 그리고 火 운을 걸어갈 때 사람들은 대체로 사회적인 출세나 명예를 추구합니다.

반대로 사주가 음으로 치닫게 되면 변화를 싫어하고 안정적인 것을 추구합니다. 음은 현재 자기가 가지고 있는 것과 자기 삶의 틀이 잘났든 못났든 관계없이 변화하는 것을 두려워합니다. 좋은 말로는 안정적이라고 하지만 어떤 일을 해야 할 때 걱정이 많아서 시작을 못 합니다. 한마디로 답답해지는 거죠.

이 사람이 水 대운을 만나면 어떻게 되는지 살펴봅시다.

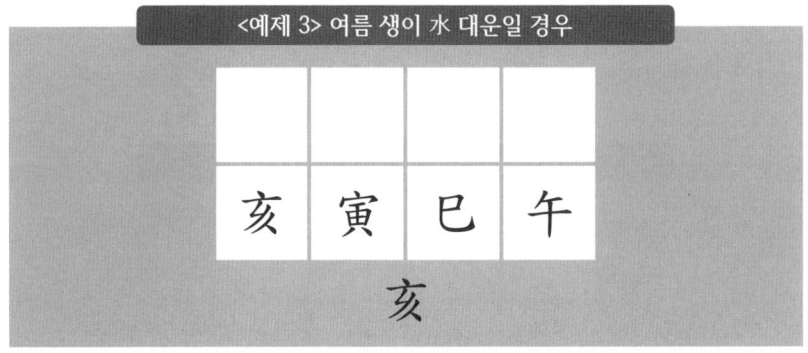

　水 대운이라고 무조건 달라지는 게 아니라 水生木을 하게 되면 木生火까지 됩니다. 이것은 水가 강해지는 것이 아니라 오히려 火가 강해지는 화세火勢로 넘어갑니다. 음 대운이라도 生 하면서 소통이 될 때는 상황이 꽉 막혀서 답답하지는 않습니다.

　여름에 태어나서 水 대운을 만났는데도 水生木, 木生火가 안 되는 경우의 예제를 살펴봅시다.

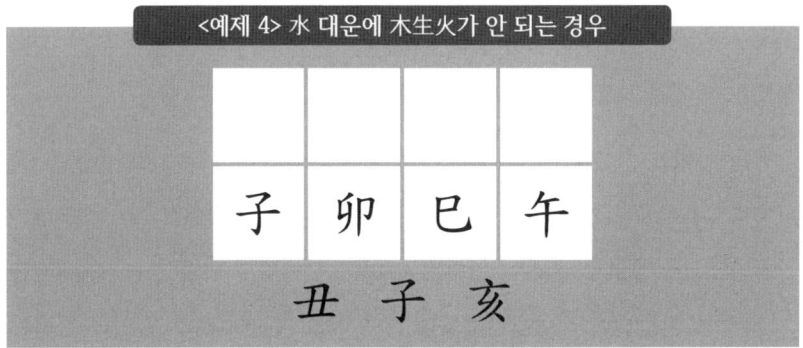

　水 대운을 만나서 亥에서야 水生木이 됐는데, 木生火까지 잘 안 됩니다. 卯木이 火를 살리지 못하기 때문입니다. 卯木은 癸水를 장생長生하니 오히

려 양기의 기세를 안으로 조절하는 것입니다. **子·丑**이 올 때 **水生木**이 안 되고 **午火** 대신 **金**이 하나 있으면 완전히 **金** 기**氣**로 뭉쳐지게 됩니다.

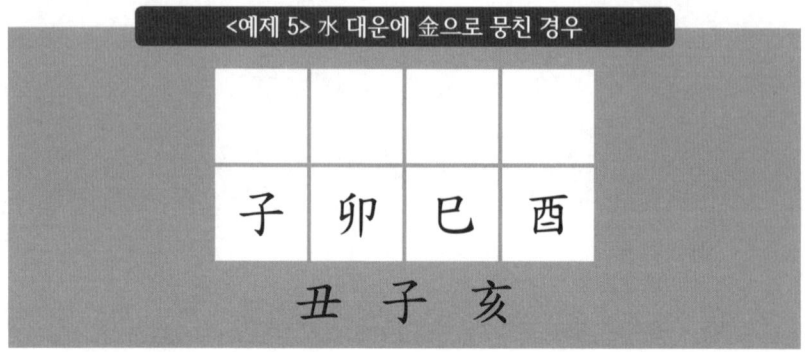

그러면 **金**, **水**의 작용은 무엇입니까? 안정적이죠. **金**이라는 것은 겉이 단단한 것이니 견실해야 합니다. 그 사람이 살아가는 삶의 틀 자체가 변화되거나 사람들한테 간섭받고 침범당하는 것을 아주 싫어합니다. 자신이 지키는 것들이 무너지지 않도록 타인을 배척하고 인정머리가 없어집니다. 자신의 평화를 위해 타인이야 어떻게 되든 관심이 없다고 말할 수 있습니다. **金**의 처지에서 보면 하나도 잘못된 것이 없습니다.

양은 어떻습니까? 뭔가를 하려고 무작정 쫓아갑니다. 반대로 음들은 쫓아가지 않고 그냥 가만히 있습니다. 음은 '저는 욕심 없어요.' 이렇게 얘기합니다. 음은 말로는 욕심이 없다고 하면서 실제로는 양보다 욕심이 더 많은 사람도 있습니다. **金**으로 뭉치면 뭉칠수록 욕심이 하나도 없다고 하는데 자기 것을 남에게 안 주려고 하고 자신의 영역을 침범 당하지 않으려는 욕심이 있습니다. 그래서 가만히 있는데 건드리면 매우 분노하는 것이 음이 강한 사람들의 특징입니다.

양은 처음에는 자기가 가진 것을 아낌없이 퍼주는데 그러고 나서 어떻게 합니까? 받은 사람을 꼬여서 더 큰 것을 얻어 내려고 하는 겁니다. 음은 네 것은 네가 먹고 내 것은 내가 먹겠다고 하는 주의입니다. 양과 음의 모습이 이렇게 다릅니다.

표현하는 모습이 다를 뿐이지 욕심 없는 사람이 어디 있습니까? 도道를 깨쳤다면 모를까 다 욕심 덩어리들입니다. 어찌 보면 도 닦는 것도 욕심입니다. 이 세상에서 가장 큰 욕심일 수도 있다고 생각합니다.

음양은 이원적 세계를 말합니다. 양은 내부가 허결한 문제를 해결하기 위해서 외부와 교섭해서 자신의 욕망을 채우려는 심리로 작용하고, 음은 내부가 견실하고 외부가 허결하기 때문에 내부의 것을 잘 지키고 간직하려는 심리를 갖게 되어 있습니다. 이렇듯이 입장이 다른 이유로 그 심리적 요인이 반대로 작용하고 있는 것이 음양입니다.

그래서 양을 쓰는 사람은 의식이 외부 세계로 집중되어 있기 때문에 정작 자기 자신에게 집중하지 못하는 경향이 있고, 음을 쓰는 사람은 의식이 내부 세계로 집중되어 있기 때문에 너무 자기 자신이나 자신의 가정에 집중한 나머지 외부세계에 대한 관리가 소홀해집니다. 음을 쓰든 양을 쓰든 음양은 모두 적절해야 하고 한쪽으로 치우치는 것을 가장 흉하게 보는 것입니다. 음을 쓰더라도 사주에 양이 잘 소통되고 있다면 삶에 아무런 문제가 없고, 양을 쓰더라도 사주에 음이 잘 소통되어 있으면 삶에 아무 문제가 없게 됩니다. 이것이 중화中和이고 중용中庸이며 중도中道입니다. 이런 중심을 잃은 사람은 심리적으로도 불안하거나 한쪽에 치우쳐 다른 것을 보지 못하게 됩니다. 그로 인하여 경제적 손실이나 인간적인 다툼을 야기하게 됨으로써 인생이 고달파지는 것입니다.

사주 분석의 핵심은 음양의 조화를 잘 갖추었는가, 아닌가 입니다. 그것은 오행을 통해 좀 더 상세하게 분석할 수 있으며 큰 음양적 대세를 읽어나가는 통찰력이 있어야 가능한 것입니다.

POINT 사주는 음양으로 시작해서 음양으로 끝난다.

'사주는 음양으로 시작해서 음양으로 끝난다.' 이 말을 꼭 기억해 주시기 바랍니다. 요즘 육친으로만 해석 하려는 사주 풍토가 있는데 그것은 모두 잘못된 것입니다. 육친은 일간 중심의 생극제화를 가지고 논하는 것이기 때문에 그보다 더 큰 대세를 말하고 있는 음양의 큰 대세를 읽어내지 못하면 아무리 육친을 잘 해석해 낸다 하더라도 현실에는 부합되지 않게 됩니다. 이점 명심하시고 오행의 심리에 대해 논해보도록 하겠습니다.

Part
02

다음은
오행五行이다

1
五行의 심리학

1) 木의 심리

木이 바라보는 과거는 水이고 木의 미래는 火입니다. 木의 마지막 이상은 金입니다. 木은 자신의 과거인 水가 움직이거나 水 운이 올 때 움직이려고 합니다.

자기 팔자에서 水가 쓰일 때 어떤 마음입니까? 비관적이 됩니다. 자기가 억눌렸다는 생각이 드니 억눌린 것을 뚫고 문제를 해결하려는 경향이 있습니다. 그래서 火로 세상에 사기가 알려시고 출세하기를 바랍니다. 木이라

[木의 심리 설명 中]

는 심리 자체가 겉으로는 굉장히 긍정적이면서 속으로는 대단히 비관적입니다.

영화〈싸움의 고수〉보면 밖에서 두들겨 맞고 여기저기 터져서는 복수하려는 결심을 합니다. 투지에 불타서 운동하면서 몸 만들고 싸움 연습을 하죠. '나한테 덤비는 놈들 다 때려주겠다.' 그게 뭡니까? 木의 심리가 이렇습니다.

木이라는 것은 당장 눈앞의 이득이 문제가 되지 않습니다. 남을 두들겨 패서 자기가 뭘 얻습니까? 火를 얻습니다. 자기를 알아줬으면 하는 火의 마음이 있는 겁니다. 그래서 木의 과거는 비관적이고 木은 성취하려고 하고, 木의 미래(火)는 발전적인 것으로 남들이 알아주는 것입니다. 결국 성취(金)하려는 것입니다.

木이란 水, 金, 火로만 되는 3단계(과거, 먼 미래, 미래) 상황으로 木(현

[水, 金, 火 3단계 설명 中]

재)을 판단할 수 있고, 이런 상황을 木 자신의 상황이라고 생각합니다. 木이 위로 솟구쳐서 일관적으로 가는 이유는 水, 金, 火 세 가지 상황이 있기 때문입니다. 木은 홀로 존재하지 않고, 사람도 홀로 존재하지 않습니다. 똑같은 내가 있는데 어른들 3명 모여 있는 곳에 갈 때와 애들 3명 모여 있는 곳에 갈 때의 입장이나 처지가 다릅니다.

  환경에 따라서 이렇게 생각하기도 하고 저렇게 생각하기도 할 수밖에 없는 겁니다. 팔자에 인성印星이 많으면 어떻겠습니까? 누군가에게 기대려 하고 얻어먹으려 하고 뭐든지 다른 누가 나대신 해주기를 기다리고 있습니다. 반대로 식상食傷이 많으면 하지 말라고 해도 할 것이고 재성財星이 많으면 자신이 다른 사람을 부려 먹으려 합니다. 사주 내에 어떤 육친六親이 많은지에 따라 생각이 다릅니다.

2) 火의 심리

火의 과거는 무엇입니까? 분발심分發心(木)입니다. 木으로 열심히 뛰었다는 겁니다. 이를테면 험준한 산이 있는데 사람들이 올라오기 좋게 난간도 만들고 밧줄도 묶어서 고생하면서 뭔가를 일구었습니다. 고생했으니 보상을 받게 됩니다. 木의 과거 심리와는 다릅니다. 火의 과거 심리는 木으로 내가 과거에 분발했기 때문에 나는 다 해봐서 모르는 게 없다는 겁니다. 자기는 다 알기 때문에 뒷짐 지고 앉아서 내가 가지고 있는 정보를 팔아먹고 살아야 할 것 아닙니까? 火들은 눈으로 안 보이는 것을 머릿속으로 해결하려고 하고 말로 해결하려고 합니다. 고생은 옛날에 다 했기 때문입니다.

여기서 木의 과정이란 등짐지고 올라오면서 공사하고 계곡도 거치고 죽을 뻔한 경험들이 있다고 생각하는 겁니다. 이런 경험과 과정이 있다고 생각하니 '나는 고생 끝에 성취한 사람'이라고 생각합니다. 火의 미래는 보상(金)을 받아야 한다고 생각합니다. 火의 정보는 굉장히 부가가치가 있다고 생각하는 것이고, 火가 얻고자 하는 것은 金입니다. 火는 자기한테 많은 사람이 와서 물어보면 火인 내가 정보의 우위를 차지하고 내가 잘났으니까 사람들한테 이것저것을 알려줍니다.

사람들한테 정보를 알려주고 지도하면서 앞으로 끌고 갑니다. 관성을 火로 쓸 때 또는 내가 火를 쓸 때는 타인을 지도하거나 교육하면서 살게 됩니다. 火가 인성일 때 자기 학문이 제일 잘났다고 생각하니까 사람을 지도하려는 것이고 정보를 주는 것입니다.

정보를 주는 대신 그냥은 안 되고 나는 좀 비싸다. 내 것은 자잘한 정보가 아니라고 느끼고 고부가가치를 내려고 하는 경향이 있습니다. 金, 火가

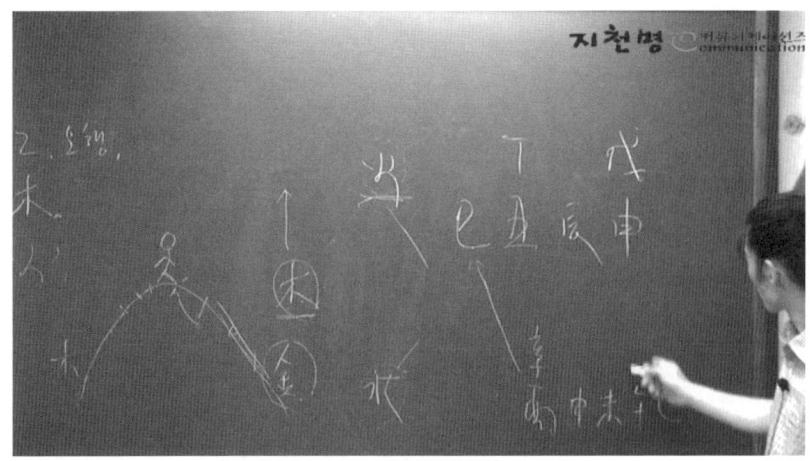

[金, 火의 고부가가치 설명 中]

있으면 금화교역金火交易이 되어 고부가가치가 됩니다.

어떤 분이 이렇게 물어보셨습니다. 이 분이 **辛酉** 대운인데 이렇게 **巳**와 **辛酉**가 금화교역이 되었고 이번에 상가에 투자하는데 돈이 되겠냐고 물어보는 겁니다.

금화교역은 되어있고 돈을 잘 벌면서 살고 있긴 한데 세 년에서 **午 年**이 왔습니다.

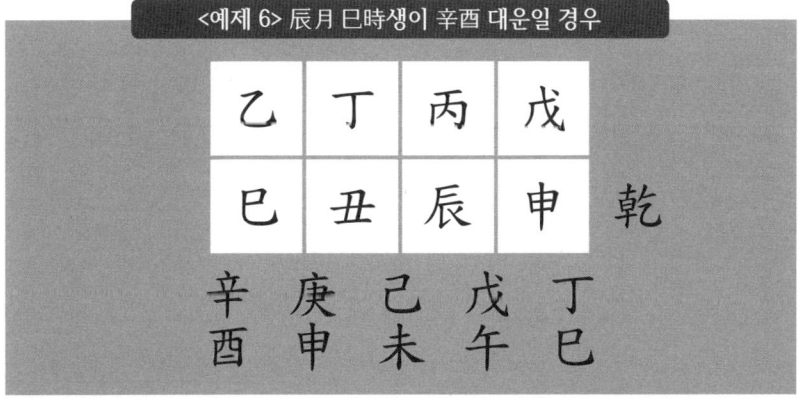

午는 양이 강해지는 시점인데 세운에서 이렇게 왔을 때 어떤 특징이 있습니까? 금화교역은 되었으나 매우 건조하게 됩니다. 건조한 상황에서 계속 불이 오게 되면 빡빡하게 되는데 건조한데 거기다가 더 운동성을 집어넣으면 어떻게 됩니까? 건조할 때는 윤활유(水)가 꼭 필요합니다.

금화교역이 될 때 무조건 돈을 많이 버는 것이 아니고 금화교역이 될 때 그 사람이 다루는 재화財貨가 크다고 봐야 합니다. 돈을 벌려고 하면 큰돈을 움직여서 벌고 망하려고 하면 큰돈을 움직여서 망하는 겁니다.

금화교역이 된다고 해서 무조건 좋은 것이 아니고 금화교역이 되면 그 사람이 금화교역이 되는 일을 한다는 뜻입니다. 금화교역이 될 때 양이 너무 지나쳐버리면 비용은 커지고 이익은 적어집니다. 양은 커지고 음은 작아지는 것이고 음은 결과입니다.

음이 커지고 양이 작아지면 어떻게 됩니까? 부동산이 겉으로는 덩어리가 큰 거 같고, 이득도 큰 것 같은데 팔리지 않는 것과 같습니다. 부자 거지란 말입니다. '부동산 거지' 라고 하죠. 금화교역이라는 것이 고부가가치라고 하였지만 무조건 돈을 많이 버는 것이 아니고 나한테 도움이 되고 안되고는 음양의 소통 문제에 달려있습니다. 결국은 중화中和로 봐야하고 운이란 것은 중화되고 소통되는 것이 중요합니다.

반대로 金, 水만 쓴다는 것은 어떤 형태입니까? 돈을 많이 안 벌어도 되니까 안정되고 고정된 수익을 기대하는 마음입니다. 水生木은 천 원짜리 물건을 많이 팔아서 돈 벌자는 주의이고, 木生火는 무조건 앞으로 일을 크게 해보자 하는 건데 막연히 크게만 하다가 망하는 겁니다.

3) 金의 심리

金의 과거는 火로 산꼭대기에 있었잖습니까? 자기가 최고로 우월했던 시절이 있었단 겁니다. 가을 생도 마찬가지입니다. 우수했고 우월했던 과거가 있으므로 그 우월성에 대해서 선망하거나 결코 좋게 보지 않습니다. 피곤한 일이라고 바라볼 거 아닙니까? 최고 자리에 가봤자 다 별거 없더라. 거기 가면 사람들로 인해 피곤하고 경쟁이 치열하니 굉장히 추잡스럽다고 생각합니다.

金은 내가 편한 게 최고라고 생각합니다. 가끔 내가 움직여 주면 火를 쓸 수도 있고 얼마든지 火는 내가 갖고 올 수 있다는 생각이 있는 겁니다. 그래서 金을 쓸 때는 새로운 가치창출(木)이나 남들이 하지 않는 것, 독특한 것을 하는 걸 좋아합니다.

水, 木, 火의 3 단계적인 구조로 金이 자기 입장을 표현하고 있는 겁니다. 金이라면 그냥 金 덩어리가 아니라, 이 속에는 우월한 잘난 마음도 있고(火), 水로 가려는 행동도 있습니다. 水로 가려는 마음 기저基底 속에는 火가 없습니다.

水와 木에 사는 사람들은 계속 火로 가려고 합니다. 金의 입장에서는 火로 안 가려고 하니까 火로 가려고 하는 사람들이 이해가 안 되는 겁니다. 왜 저렇게 사나? 굳이 나서서 저렇게 하려고 하나? 라는 생각이 드는 겁니다.

金이 火를 볼 때는 그렇게 치열하게 火를 쓰려고 하지 않습니다. 金은 이미 자기가 다 얻었고 결과를 본 것이기 때문에 金이 火를 볼 때는 치열한 火가 아니라 순수하고 깨끗한 火를 원하게 됩니다.

[金의 과거 설명 中]

예를 들어 봅시다. 辛 金 일간 가을 생 여자가 이렇게 丁 火를 남편으로 쓴다.

<예제 7> 酉月生 辛金이 丁火를 남편으로 쓸 때

	丁	辛	
		酉	

남편감을 찾을 때 아주 깨끗한 사람을 찾습니다. 마음이 깨끗하면서도 사회적으로 번듯한 사람을 찾습니다. 세상에 그런 사람이 몇 명이나 있습니까? 그러니까 시집가기가 어려운 겁니다.

앞의 예제를 다시 살펴봅시다.

학생 甲午 년이 되면 어떻게 됩니까?

덕연선생 甲午 세운에서는 돈이 묶입니다. 지금은 환경이 더 크게 되었죠? 대운에서 酉 가을이고 금화교역이 되어 덩어리가 크지만, 午, 未 세운이 올 때는 부풀어져 있습니다. 金하고 火에서만 놀고 있죠. 水로 와야 내 것입니다. 水까지 돌아야 내 것 아닙니까? 巳-酉로 프리미엄이나 허풍이 세진다는 겁니다.

甲午 년에 들어가면 화세火勢가 이미 크게 부푼 곳에 또 붙이려고 하는 겁니다. 부동산 프리미엄 주고 들어가겠다는데(巳) 申酉로 왔을 때 酉 대운에 매끄럽겠습니까?

학생 계획은 2년 보유하고 있다가 팔겠다는데 어떨까요?

덕연선생 辛酉 대운에서 돈이 꽉 묶이게 됩니다. 여기서는 金이 커지고 말라붙어 있어서 계획대로 안 된다고 했습니다.

다른 경우를 살펴봅시다.

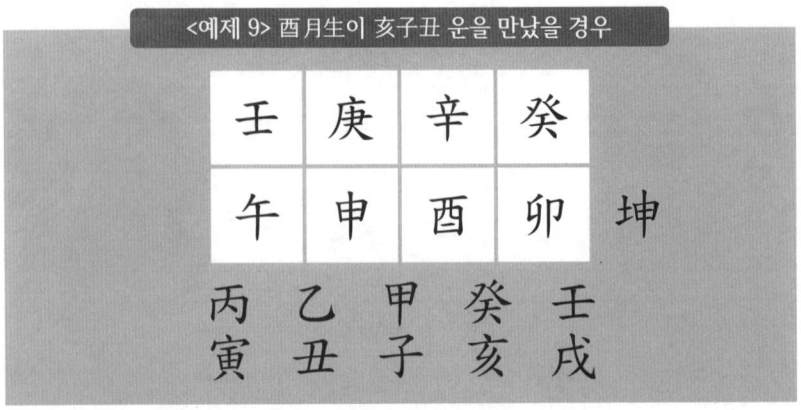

여자분 사주입니다. 官인 午火가 시지에 있죠. 남편으로 깨끗한 남자를 얻으려고 하는데 운이 戌亥子丑으로 왔습니다. 亥子丑으로 갈 때 午火를 만날 수 있을까요? 못 만납니다. 궤도가 다르기 때문이죠. 午火의 인연은 못 만나게 됩니다. 그럼 언제 인연이 오겠습니까? 寅 대운이 돼야 인연이 될 겁니다. 그 전에는 만나기 힘들 겁니다.

亥子丑 대운일 때 水에서 팔을 양쪽으로 뻗어서 닿을 수 있는 사람이 金, 木이고 火에는 생각만 있는 것입니다. 이상만 火에 있는 겁니다. 酉月에 午를 쓰니까 깨끗한 남자를 원하느냐고 물어보니까 그렇다면서 여태 시집을 안 가셨답니다.

亥子丑에 水 대운이라 水가 간섭하는데 水生木도 잘 안 됩니다. 가끔 연애를 조금씩 하기는 하는데 여자분이 남자한테 관심이 없습니다.

가을은 왜 건조합니까? 이슬이 내려도 다 속으로 들어가 버립니다. 가

[酉月에 태어난 庚이 亥子丑 운을 만날 때 설명 中]

을은 겉이 건조하고 속이 습해서 속으로 썩어있습니다. 반대로 봄은 겉이 습한 겁니다. 습濕이 와도 봄과 가을이 다른 겁니다.

습이 와서 새싹을 틔우게 하느냐 못 틔우게 하느냐에 따라서 새로운 인연을 만남과 못 만남이 달려있는데, 이 사주에서 丑 운이 올 때 생명을 틔우려고 합니까? 아니겠죠. 그러니 연애에 관심이 없게 되는 겁니다. 생각으로만 이런 남자 있었으면 좋겠다고 하죠. 이 분은 뭐가 좋습니까? 가을생이니까 水가 좋습니다. 水는 식상의 행위인데 이분께 물어보니 미용실을 했답니다.

식상의 행위인 음식을 만들어서 남들한테 주는 것을 좋아하니 남들이 볼 땐, 사람이 참 좋네 하겠죠. 이 분은 사람이 자기한테 오기만 하면 뭐든지 퍼주고 해주려고 하는데 그것이 꼭 남을 위해서 그랬겠습니까? 결국은 자신한테 좋아지라고 한 겁니다.

이 사주에서 남자는 어디에 가 있습니까. 남자는 水의 반대편 궤도에 가 있으니까 무관심할 수밖에 없습니다. 그런데 어디 가서 사주를 보면 여자가 식상 대운 걸어와서 아주 음탕하고 아주 못 쓰는 여자라고 잘못 해석을 합니다. 그렇게 해석하는 분들은 酉 金이라는 특성을 안 본 겁니다.

4) 水의 심리

겨울의 과거는 믿는 구석이 있는 겁니다. 옛날에 나는 풍요로운 환경에서 살았던 경험이 있다. 그래서 가진 건 아무것도 없어도 그 용기가 대단합니다. 아무것도 없어도 버티는 힘, 그래서 水의 지구력이 좋습니다.

미래에는 내가 무언가를 해서 사람들을 깜짝 놀라게 할 만한 木(의지)으로의 뭔가를 하고 남들을 이끌어가고 선도해가는 선봉장의 역할을 하려는 것이 水의 특징입니다. 火는 결국 남들이 나를 알아주길 바라는 마음이 火의 이상입니다.

水 대운이라고 다 그렇게 되는 건 아닌데 대운에서 그 글자가 왔을 때 원국에서 어떻게 그 글자를 수용하느냐에 따라 다르게 됩니다.

木, 火, 土, 金, 水로 오행을 다 갖추었을 때 인생이 잘 풀리게 되는 겁니다. 土라는 것이 특별히 팔자에 두드러지게 나와 있으면 그 사람 인생에서 土의 역할이 두드러지게 쓰인다는 겁니다. 土가 한쪽으로 치우치거나 망가졌을 때 한쪽으로 쏠림 현상이 생기게 됩니다.

[木, 火, 土, 金, 水 설명 中]

일반적으로 양으로 심하게 쏠린다든지 음으로 심하게 쏠린다든지 하면 더욱 문제가 될 때도 있지만 무조건은 아니고 음양의 판단을 잘 하셔야 합니다. 土가 망가지면 土 때문에 쏠림 현상이 있게 되는데 이런 기준과 관점을 가지고 오행을 바라보셔야 합니다.

만약에 원국에서 부족한 글자가 대운에서 왔다 할지라도 팔자 안에 모든 오행을 다 채우지 못할 수 있습니다. 대운과 세운을 포함해서 특정 오행이 없어서 이빨이 빠져버릴 때, 또는 있어도 그 작용이 없어질 때 삶은 어려움에 봉착할 수 있습니다.

巳亥 충沖의 작용이 똑같이 충을 당하는 것은 맞는데 예를 들어 회사에서 힘들어서 잠깐 일이 변동하는 것과 완전히 해고되는 것과는 차원이 다릅니다. 사업을 하는데 완전히 망할지 아니면 조금 힘들다가 말지 이것을 판단하는 기준이란 겁니다.

어떤 중년 여성분입니다.

상담 받으러 오시는 분들은 다 힘들어 죽겠다고 하십니다. 자금도 없고 사업도 매우 힘들어서 죽겠답니다. 그래서 어떻게 해야 하냐고 오셨는데 그 말을 곧이곧대로 다 믿으면 안 됩니다. 상담하는 입장에선 사주를 믿어야 합니다.

酉 대운에 건조할 때 水(丑)가 있죠? 봄날(卯)에 새벽(丑)에 태어났으니까 이 사람은 컴컴(丑)한 것이 삶의 도구입니다.

봄날(木)에 어디로 갑니까? 밤(丑)에 태어나서 木으로 가니 없는 것을 세상에 내놓으려고 하죠. 없는 것을 있게 만드는 것이 이 사람의 팔자 아닙니까? 또한 사주에 불(火)도 있어서 밖으로 드러내는 일입니다. 문제는 대운이 申·酉·戌로 가면서 건조하게 되어 만물이 마르게 된다는 것입니다.

그런데 지지에 火가 없죠. 과거 대운이 巳·午·未 운을 걸어왔고 火 대운이 왔을 때 금화교역이 일어났으며 밤에 태어났으니 나머지 오행은 모두 있습니다. 金 대운은 卯가 木生火가 잘 안되고 金生水는 잘 됩니다. 土生金 金生水는 잘 되죠. 土生金 金生水까지 잘된 것은 丑土의 작용이 어떤 역할을 하는 겁니까? 만물을 응집하는 데다 쓰는 거죠.

丑이 寅을 만나면 어떻게 됩니까. 丑이 밑받침되어 만물이 태어나서 위로 올라가게 합니다. 丑이 꽁꽁 얼어있던 것을 풀어헤치게 하는 역할을 합니다. 丑은 얼리는 작용과 풀어헤치는 두 가지 작용을 하는데 金의 시절을 걸어올 때는 꽁꽁 얼려버리고, 木, 火로 가면 만물을 풀어헤치는 작용을 합니다.

丑土가 火 대운인 巳·午·未를 걸어올 때는 어땠습니까? 丑土가 꽁꽁 얼리지 못하게 하죠. 팔자가 金으로 굳어있으니까 여기서 火 대운에 잘 됐죠. 반대로 申酉 대운에 火가 부족하죠. 火가 부족하면 무슨 생각이 듭니까? 이제 그렇게 복잡하게 사는 것은 싫다고 생각합니다.

옛날에는 식상 중심이니까 자기가 직접 몸으로 뛰는 게 즐거웠지만 이제는 관성 중심이니까 어떻게 됩니까? 남편 중심으로 살았으면 좋겠다는 생각이 들겠죠. 지금 왜 힘들다고 하겠습니까? 金, 水로 꽉 뭉쳐서 건조해지니 힘들다고 하는 겁니다. 水에서 水生木이 안 되죠. 金 운이니까 木은 더욱 약해져서 水生木이 안 되는 겁니다.

金, 水로 꽉 뭉쳤는데 사업의 패턴이 어떻게 됩니까? 고정적인 기저를 유지하면서 계속 쪼그라들겠죠. 그러면 현금 흐름이 악화되면서 수입에 비해 지출이 많아지고 빚이 늘어나게 됩니다. 사업의 고정비는 그대로인데 수입이 적어지면 빚이 생겨버립니다. 삼낭할 빚은 낳고 수익은 작아진 겁니다.

그러니 힘들어서 죽겠다고 하셨는데 제가 뭐라고 했겠습니까? 일단 내년에 사업을 접으시는 것은 맞는데, 사업을 접어도 사는 데는 문제없으실 겁니다. 옛날 생각하면 억울하겠지만, *未* 년이 와서 *丑未* 충으로 되었을 때는 *丑*이 자기 재산입니다. 뭔가를 깨어서 막아야 정리가 되는 겁니다. 깨기는 좀 서운하고 정리한다는 마음은 먹었는데 그렇다고 해서 바로 잘 팔리지도 않을 것 같고 정리하면 남는 것도 얼마 없으니까 마음이 심란한 겁니다.

옛날에 몇 십 억 정도 굴리고 살다가 자기 재산이 몇 억으로 줄어들면 본인은 망한 것으로 생각할 거 아닙니까? 절대적인 기준으로 봐서는 이 사람은 적자가 안 난다는 겁니다. *金* 운에서 절대 그렇게 안 놔둡니다. 자기 계산에서 완전히 망하기 전에 정리할 겁니다.

만약 저분이 *木* 운이나 *火* 운이면 있는 힘껏 버티다 도저히 다른 방법이 없을 때 포기하는데 *金* 운에는 절대로 무작정 버티거나 방법이 없도록 만들지 않습니다. *金* 운에는 안정중심이라고 했습니다. 자기 기준에서는 '죽겠다' 이지 사업을 접는다고 해서 빚이 몇 십 억이나 몇 억이 되는 운이 아닙니다. 사업을 접어도 먹고사는데 문제없으신 분이니 사업 접고 다른 것 하시라고 말씀드렸습니다.

학생 *丑未* 충 올 때 *丑*하고 *酉*하고 끌려와 있는데 충이 돼서 깨지나요?

덕연선생 깨지죠. 깨지는 것은 깨지고 다른 것을 잡겠죠. 완전히 다 날린 것이 아니라 충을 맞으면 변화하는 겁니다. 그 형태를 바꾸는 거죠. 다들 오셔서 굉장히 심각하게 말은 하는데 가만히 보면 별거 아닌 것을 심각하게 표현하기도 합니다. 때로는 어쩔 도리가 없는 사람이 있지만 때로는 별 것도 아닌 거 가지고 심각하게 표현하는 사람도 있고 때로는 자기가 10억이 있는데 2~3억 까먹는다고 죽겠다는 사람도 있습니다.

그런 점으로 보아 사람들은 많은 부분이 주관적입니다. 상담하러 오신 분 앞에서 그분이 하는 얘기를 곧이곧대로 받아들이면 상담 차원에서 긍정적인 말을 해줄 수는 있지만, 예측이 정확하게 맞는다고 볼 수 없습니다. 상담자는 상황파악을 잘하셔야 합니다.

학생 金 운에는 어떤 사주와 상관없이 마무리할 때 그렇게 한다는 겁니까? 저분이 金 운에는 망하기 전에 사업 정리가 된다는 겁니까? 다른 일주여도 같습니까?

덕연선생 이 분은 그렇죠. 金의 심리는 적자가 나도록 안 합니다. 다른 일주여도 같은 심리가 생깁니다.

이 사람은 특히 金, 水로 기운이 몰려있습니다. 기운이 몰려있는 사람이 자기가 완전히 망가지도록 가만히 있지는 않고, 당연히 망가지게 생겼으니까 상담 받으러 온 것이죠.

木, 火 쓰는 사람은 시작할 때부터 망가지게 해놓고 시작합니다. 남의 돈 끌어다 쓰죠. 처음부터 부실하게 시작되었으니 당연히 실패할 확률이 높은 겁니다.

학생 木, 火를 쓸 때 자기가 희망적이기 때문에 끝까지 버티는 것인가요? '이게 잘 될 거야' 하는 심리 때문에 그런가요?

[酉月 午時生이 寅 대운일 때 설명 中]

덕연선생 그렇죠. 좀 전에 심리 이야기했죠.

아래 예제는 다른 여자분 사주입니다.

丙寅 대운 들어왔습니다. 사주가 건조한데 대운에서 木이 들어오니까 무엇을 하려고 하는데 金生水도 안됩니다. 과거를 보면 운이 丑·子·亥로 왔는데 丑 대운에 酉丑 합 했는데 木生火(卯午)도 모습만 있고 뭔가 커지기 어렵습니다. 형태가 애매하지만 물론 먹고는 살았겠죠.

이 분은 식상 쓰면서 지금 무슨 생각을 합니까? 와서 처음에 물어본 것이 자기가 미용실을 하고 있는데 미용실 상가를 인수할 수 있겠는지 물어봤습니다.

사주를 보면 이분이 무슨 돈으로 상가를 인수할 수 있겠습니까? 제가 볼 때는 그 사업이 너무 부실해서 성공할 수 있는 계획이 아닌 것 같다고 했습니다. 상가는 얼마이고 돈은 얼마나 있냐고 물었더니 상가가 3억 정도 하는데 가지고 있는 돈은 하나도 없답니다.

다른 사람 돈을 빌려서 상가를 자기 이름으로 하면 그게 자기 것입니까? 이 분은 뭔가 일을 시작할 때부터 부실하게 벌려놓고 하는 사람입니다. 이런 수단이 꼭 잘못된 것은 아니고 만약 탈 없이 잘 돌아간다면 수습도 잘 돼서 좋겠지만 부실하게 시작된 일이기 때문에 뒷날 수습이 불가능해질 것은 자명합니다.

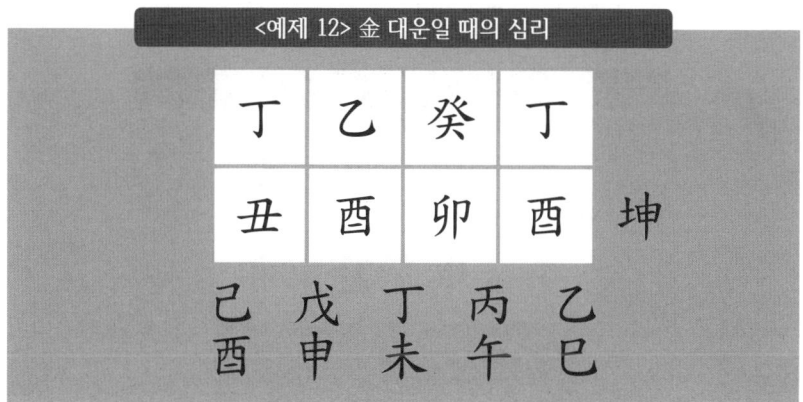

다시 놀아와서, 〈예제 12〉의 사주는 상황이 완전히 다른 겁니다. 빚을

져도 자기가 가지고 있는 돈 이상의 빚은 절대로 안 지게 되어있습니다. 여차하면 틀어막을 수 있는 수준의 빚만을 지게 되는 것이지요. 그게 金의 특징입니다. 金은 木하고는 거리가 멉니다. 그래서 빚을 져도 자기가 감당할 수 있는 선에서 지게 되니 완전히 바닥까지 내려가지 않게 됩니다.

木은 자기가 억눌려 있어서 크게 펼쳐보지 못했다는 억울한 심리가 있어서 일단 하고 보는 겁니다. 외상이라면 소도 잡아먹는 심리가 木입니다. 봄철(木)에는 金이 굉장히 약합니다. 계획자체가 철저하지 않고 허술합니다. 대충 생각하고 그냥 시작합니다.

대충 생각하고 시작하다 보니까 중간에 생각지도 못했던 일이 생기고 계획에 차질이 생깁니다. 그러면 그만두고 다른 것을 또 하고 그만두고 또 시작하기를 반복합니다. 남자는 여자를 처음 만나자마자 사랑한다고 고백하고, 전화 한 두 번 안 받으면 사랑이 식었다고 생각하는 겁니다. 이렇게 쉽게 바뀌는 것이 木기氣의 특성입니다.

<예제 13> 酉月 午時生이 寅 대운일 때

壬	庚	辛	癸
午	申	酉	卯	坤

丙	乙	甲	癸
寅	丑	子	亥

학생 寅이 추우니까 水生木까지 되었다고 생각했는데 제 착각인가요? 찬 기운에 머물러서 水生木 받아서 木生火 하겠다는 생각이 드는데요.

덕연선생 찬 기운이 머물러 있긴 하지만 기운으로 머물러있는 것과 실제로 있는 것과는 다릅니다. 실제로 있어야 있는 겁니다.

이 사주도 세운에서 음이 강해질 때 음양이 맞을 가능성이 있습니다. 세운에서 음이 강해질 때는 잠깐의 시간이죠. 대운에서 짝이 맞춰지는 게 아니라 세운에서 음이 오면 짝이 맞춰집니다. 寅 대운에서 木生火로 치솟으니 아무것도 없으면서 크게 한번 벌여보려고 할 거 아닙니까?

운에서 金이 살아나서 金生水 해서 水生木 이 되는 시기에 잠깐씩 반짝 재미가 있습니다. 그러나 대운 자체가 완벽한 소통이 되지 않은 상태에서 1~2년 반짝하고 재미있었다고 부자가 되지 않습니다. 2~30년 잘 풀려야 부자가 되고, 그 기간 동안 끄떡없이 잘 돌아가야 몇 백 억대 부자가 되죠. 위 사주가 한 5년 정도 잘 되었으면 대략 10여 년 정도는 먹고살 수 있겠죠?

학생 丑 대운에 돈 좀 벌었다고 볼 수 없나요?

덕연선생 그 전에 보면 子丑 대운에 木을 안 쓴 것이고, 木에서 木生火 를 안 하니 계속 金生水로 자기가 하던 일 조그맣게 한 겁니다. 그냥 적당히 산거죠. 火를 쓰면 일을 크게 벌여가는데 그렇지가 않죠.

사주로 보면 이 분의 성품이 어때 보입니까? 부드러워요?

학생 아니요, 까칠할 거 같습니다.

덕연선생 金이 많다고 그렇게 편협하게 생각하면 안 됩니다. 金이 많으

[세운에서 음양이 맞을 때 설명 中]

면 성질이 까칠한 게 아닙니다. 오히려 木이 많을 때 까칠할 가능성이 높습니다. 자기주장은 누구나 있죠. 록祿은 자기가 주체가 되려고 하는 마음일 뿐입니다. 자기 일 하려는 마음으로 보면 되지 이 사주가 양인격兩刃格이라고 성질 더럽다고 하면 안 됩니다. 건드리면 성질 안 더러운 사람 어디 있습니까? 귀여운 고양이 새끼도 건드리면 발톱 세우고 덤비게 됩니다.

酉月에 午時에 태어나면 낭만을 먹고 사는 사람입니다. 酉月에 火는 순수하게 쓴다고 했었죠? 가을에 결실이 다 끝났는데 태양을 어디에다 쓰겠습니까? 곡식 익히는 데 씁니까? 아니겠죠. 태양 빛을 따뜻하게 쪼이는 것으로 쓴다는 겁니다.

酉月이면 추석 때이고, 추수가 이미 다 끝나서 더는 돈 버는 곳에 火를 쓰지 않습니다. 火는 행복하려고 쓰는 불입니다. 그래서 저 사람이 거칠거나 성격이 모나지 않습니다. 거기다가 천간에 식신, 상관도 올라와 있어서 겉으로 볼 때 밖에 나가서 남한테 잘하고 싹싹하고 착하며 성질이 더럽지 않습니다.

金은 속이 부드럽고 순진한 구석이 있습니다. 金은 마음속이 다들 연약하지만 강한 것에는 강해서 자기한테 덤비면 버티는 힘은 센데 반대로 부드럽게 갔을 때는 약한 것이 金입니다.

木은 겉으로는 안 세 보일 것 같은데 속으로 엄청 셉니다. 화가 나도 가만히 있으면 성질이 사납게 안 보이죠. 성질나는 것도 참으니까 스트레스 받는 거 아닙니까? 스트레스를 많이 품고 있는 사람들은 金, 水를 쓰는 사람입니다. 어떤 상황이든 불쾌하면 화가 나는 것은 똑같습니다.

木이라는 것은 화가 나면 겉으로 바로 표현을 합니다. 똑같은 화인데 木은 표현하는 것이고, 木의 발생지기發生之氣로 보면 겉으로 폭발한다고 했잖습니까. 마구 화를 내는 것은 木이 너무 강해져 있을 때 그런 것입니다. 일반적으로 봤을 때 木을 성깔이라고 보시면 됩니다. 전 일간이 金이라서 성깔이 있는 게 아니라 제가 木이 있어서 그런 것 같습니다.

자기 사주에서 木이 있는 자리에서 木生火로 원만하게 소통이 안 되고, 火극剋金이 안되면 자신의 성격도 나쁘지만, 그 육친도 성질이 아주 고약합니다.

庚申 간지보다 乙未 간지가 성질이 더 고약합니다. 乙未는 여름에 목기가 나와 있는 것이니 木의 성질이 아주 극에 달아있는 상태입니다. 乙未가 소통이 안 되면 성깔이 아주 안 좋게 되는 겁니다. 그래서 백호대살白虎大殺입니다. 그래도 乙未가 亥子丑 음운으로 걸어가면 겉으로는 표출이 잘 안되지만 속에는 乙未의 매서운 성질이 잠재되어 있습니다. 특히 乙未나 丁

[金과 木의 성격 설명 中]

未의 간지는 목기가 지장간에 있는 것이고 丁未의 경우 겉으로는 화기지만 목기가 억눌려서 있다가 가끔 갑자기 팍팍 튀어나오는 것입니다. 이러한 丁未도 金, 水운으로 가면 자기 절제가 되죠. 근데 양기가 치솟는 운을 걸어가면 그 성질이 밖으로 발산이 되어 아주 성질이 매서워집니다.

학생 丙戌도 백호대살인데 가을에 火는 예쁘게 쓴다면서 왜 백호대살인가요?

덕연선생 백호대살이 뭡니까? 박정희 전 대통령 같은 사람도 있지만, 인수대비라든지 장희빈도 있는데 이 사람이 그 시대에 무서웠겠습니까? 인수대비가 깡패처럼 무서웠습니까? 백호대살은 깡패 같은 게 아닙니다. 백호살을 무서운 것으로만 상상하시면 안 됩니다.

백호대살의 사나운 것이 속으로 품어져 있느냐 겉으로 표출되어져 있느냐의 차이이고, 방식의 차이로 사납고 강한 힘을 어떤 때 쓰느냐 입니다. 백호대살이라고 무조건 깡패처럼 무력으로 밀어버리는 것이 아닙니다. 어떤 일을 할 때 한 번에 끝내버리는 힘이 있는 것을 말합니다. 여자들은 남자들처럼 양적으로 해결하지 않고 음적으로 은근히 말려 죽입니다. 압박하는 힘도 경중輕重이 있습니다. 그 힘이 사람이 죽을 정도로 압박하면 백호대살인 겁니다.

학생 이 여자는 남자가 언제 생기죠?

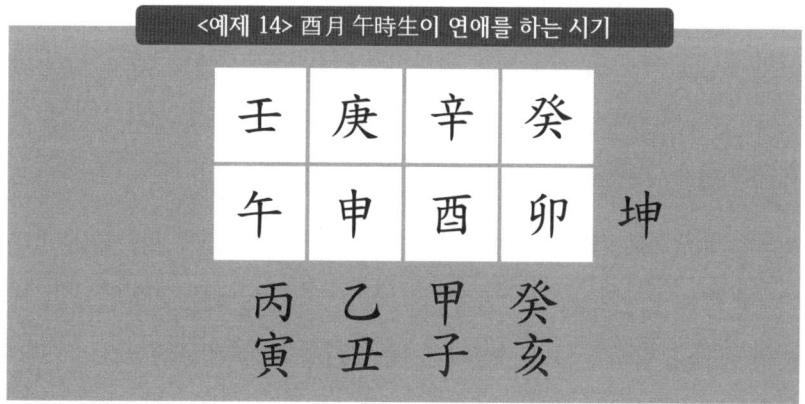

이 사람은 寅年이나 亥年이나 이런 거 올 때만 잠깐씩 남자가 생기는 사주인데 다음에 애정운 강의할 때 좀 더 자세히 설명하기로 하고 간단하게만 설명 드리겠습니다.

연애하려면 木이 살아줘야 하는데 木이 소통이 안 됩니다. 애인이 생기는 원리가 사주 구조에 따라서 다릅니다. 재성 들어오고 관성 들어와서 짝지을 때(合 지을 때), 애인이 꼭 생기는 게 아니라는 거죠.

사주 구조에 따라서 굳이 짝을 안 지어도 애인이 생기는 사람이 있습니다. 이 사주는 子丑 대운 자체가 인연을 지으려고 하는 구조가 아닙니다. 현실적으로 봤을 때 남자를 만나고 싶은 생각이 별로 없다는 겁니다. 그러니 애인이 생기겠습니까? 이 사람의 마음가짐을 보면 너무 음으로 쏠리기 때문에 남자를 만날 생각이 전혀 없었겠죠.

水生木이 되어야 애를 낳고자 하는 마음도 생기고, 연애하고 싶은 마음인데 金生水만 한다는 것은 애정의 행각이 아니고 그냥 식상의 행위, 즉 손발을 놀리는 사회적 서비스를 하는 것입니다. 식상이 자식도 되지만 자신의 수단도 됩니다. 어떤 것이 될지 명확한 구분은 오행적으로 하셔야 합니다. 남자를 만나야 연애를 하게 되는데 이 분은 남자를 전혀 안 만나기 때문에 연애가 안 되는 겁니다.

식상의 행위로 자신은 사람들에게 서비스하면서 스스로 만족하는 겁니다. 水生木이 안되죠? 무엇이든지 자식을 낳고, 남자를 새로 만나고, 새로운 직업을 찾고, 새로운 변화를 주는 게 木에서부터 시작되는 겁니다. 물론 사람에 따라 식상의 행위로 자신의 수단을 쓰면서도 남자를 만나는데, 그럴 경우는 水生木이 잘되어야 남자와 만나고 싶어 하는 겁니다.

인연을 만나는 것을 보는 관점의 핵심은 木이고, 돈을 버는 관점의 핵심은 金입니다. 그렇다고 해서 木만 있다고 인연을 만나게 되는 것도 아니고, 金만 있다고 돈 버는 게 아니죠? 무엇이든지 주변의 도움을 받아야 인연도 만나고 돈도 번다는 겁니다.

2
없는 오행에 의한 현상

사주 내에 빠진 오행이 있으면 어떤 현상이 생기는지 알아보겠습니다. 없는 오행도 글자만 읽어서 되는 게 아니라 오행을 그려놓고 특정 오행이 빠지면 어떻게 될까를 생각해보셔야 합니다.

1) 木이 없어서 생기는 현상

木이 없음으로써 생기는 현상은 어떻습니까? 木이 하는 역할이 무엇입니까? 木의 역할은 반대편의 金을 제어하는 겁니다.

金의 작용이 강해지면 음생陰生이 강해지니 자꾸 뭉치게 됩니다. 木이 없

[오행 중 木이 없을 때 설명 中]

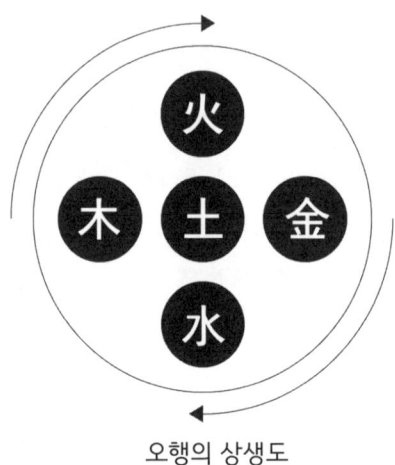

오행의 상생도

음으로써 火도 약해지죠. 그럼 木 없는 火는 어떤 火입니까? 火도 모양만 있는 火죠. 만약 木이 있는데 水生木이 안 되면 모양만 있는 木이란 겁니다. 木이 木으로써 역할을 못 합니다.

木의 부모가 돈이 없으니까 부모 역할을 못 하는 겁니다. 부모가 나한테 어떻게 해야 합니까? 어려서는 먹이고 보살펴주고 학교도 보내고, 학용품도 사줘야 하는데 돈이 없어서 학교도 안 보내주고 밥은 맨날 밖에서 다른 집에서 얻어먹어요. 다른 사람이 "너는 부모도 없냐."고 물으면, "있는데요."라고 대답하는데 부모가 뭐하냐고 물으면 "아무 것도 안 해요."라고 할 겁니다.

水生木이 안된 木은 그냥 모양으로만 있습니다. 역할이 있으려면 뒤에 뭔가 가지고 있어야 木生火를 할 거 아닙니까. 그게 만약 火라면 木生火를 못 받은 火라는 겁니다. 부모 없는 자식이고, 뒷받침이 없으니까 작용이 제대로 되지 않습니다.

火는 그 사람의 사회적인 활동인데 어떻게 되겠습니까? 불이 붙었다 꺼졌다 합니다. 세운에서 木이 와서 살려주면 불이 붙었다가 金이 오면 불이 꺼집니다. 직장을 다니다 말았다, 사업을 열심히 했다 말았다 하면서 이런 기복을 가질 수밖에 없는 것입니다.

사주에 火를 가지고 있는 사람 마음도 같습니다. 불이 타오를 때는 火는 있으니까 木이 오면 불꽃이 타올라서 열심히 해서 무언가를 크게 성취할 생각을 하다가 火 운으로 지나가면서 슬슬 일하기 싫어지고 金 운으로 오면서부터는 그동안 한 것을 가지고 먹고 살면서 더는 열심히 안 하는 거죠. 예를 들면 공직 생활이라던가 어떤 직업을 꾸준히 오랫동안 하신 분들은 팔자 안에 火가 기본적으로 들어있거나 火가 잘 유지되어야 가능합니다.

火는 대략 辰에서부터 酉까지 밝은 세상의 구간입니다. 사주에 이런 글자가 있을 때 밖에서 사회생활을 열심히 하는 활동을 말하는데 이런 글자

[火의 구간 설명 中]

가 있긴 하지만 生을 못 받게 되면 사회 활동이 됐다가 끊어지기를 반복할 수밖에 없는 거죠.

金의 음생이 너무 지나치면 부정적인 작용이 나타날 것입니다. 金은 태과太過되고 木이 불급不及되면 金이 지나쳐서 인색하고 인정머리 없고, 타인을 차단하고, 인간관계가 넓지 못하게 됩니다. 水는 生 할 데가 없고 열심히 金生水만 받으니 水는 정체되는 겁니다. 그러면 살이 찌고 뚱뚱해지죠. 그로인하여 답답하고 어리석은 사람이 되는 겁니다.

결국은 木의 작용이 하나 빠지거나 못하게 됨으로써 金, 水가 태과하게 됩니다. 金, 水의 태과 문제가 발생되면 水가 火를 자꾸 극을 해버립니다.

水가 火를 극하게 되니 金과 水만 세지는 겁니다. 그러니까 사회성이 딱 고정되고, 돈도 안 되는 일인데도 똑같은 일을 몇 십 년씩 하거나 되게 힘든 일인데도 몇 십 년씩 고생하면서 인생이 그렇게 귀결이 돼버리는 겁니다. 그래서 金, 水가 강해지면 하는 일을 바꾸는 것을 굉장히 두려워하게 됩니다.

2) 火가 없어서 생기는 현상

火가 없음으로써 생기는 현상은 어떻습니까? 火가 없으면 水가 태과해지고, 金이 약해지며 水만 엄청 세질 겁니다.

火가 없으니까 모든 기운이 음으로 뭉치게 됨으로써 양생陽生(水生木→木生火)이 안 되죠. 火는 사회성인데 사회성이 떨어지고 자기가 좋아하는 일만 하는 겁니다. 그래서 水를 쓸 때는 자기가 편해지고 싶어 합니다. 즉, 자기가 하고 싶은 것에만 집중한다고 볼 수 있습니다.

반대로 火를 쓸 때는 세상이 좋아하고 세상이 요구하는 일을 하는 것입니다. 구조에 따라서 水生木이 되면 열심히 木까지는 일은 하겠죠. 그러면 일의 형태가 어떻게 됩니까? 火를 쳐다보고 하는 것이 아니니까 작은 일입니다.

이거 했다 저거 했다 하고 그나마 水生木도 안되면 별 볼 일 없는 일을 하면서 어쩔 줄을 몰라 합니다. 머리도 맹해져서 뭘 해도 눈치가 없습니다. 눈치는 火입니다. 火가 있어야 눈치가 빠른 겁니다.

火가 없으니 눈치도 없고 맹하니 남 뒤치다꺼리하면서 삽니다. 남 뒤치다꺼리하는 게 잘못된 것은 아니지만 만족도 못하고 불평하면서도 그런 답답한 삶을 벗어나지 못한단 겁니다. 금화교역을 안 받은 金이니까 金도 제대로 역할을 못 할 거 아닙니까. 그래서 사주에 火가 없으면 여러 가지 문제가 생깁니다.

3) 金이 없어서 생기는 현상

金이 없으면 木이 날뛰게 됩니다. 양생은 지나치고 음생이 안 되는 거죠. 뭔가 준비를 해서 시작을 하기는 하는데, 金이 없으니까 木이 날뛰게 됨으로써 일만 계속 벌이는 겁니다. 일만 벌이게 되고 결국은 겉으로는 멋있는데 내실이 부족하다고 봐야 합니다.

회사에 다녀도 하는 일은 몇 십 억 짜리를 관리하고 일은 엄청 많이 하는데 실질적으로 월급은 조금 받고 다니는 그런 환경이 펼쳐진다는 겁니다.

먹고는 사는데 金이 없는 상황에서 水를 깨는 辰·巳·午·未 운이 올 때 亥水가 있는 사람은 辰·巳 운에서 망가지겠죠? 子水는 午 운에서 망가지고 丑이 있는 사람은 辰 운에서부터 망가졌다가 巳 운에서 그럴듯했다가 午 운에서 붙들고 있다가 未 운에서 완전히 깨지는 경향을 보이게 됩니다.

水를 어떤 것으로 갖고 있느냐에 따라서 상황이 조금씩 다릅니다. 어떤 사람은 水를 申으로 쓰고 어떤 사람은 戌로 쓰는 사람도 있죠? 戌은 기운을 잡아주는 역할로써만 쓰고 깨지는 타이밍도 다르고 살아나는 타이밍도 다르죠. 戌은 寅에서부터 깨져서 卯·辰에서 완전히 깨지고 巳까지 비실비실하다가 午에서 살아나죠. 패턴이 다르다는 겁니다.

金이 없어도 문제죠. 金이 없는 사람은 포부가 큰데 좋은 말로 했을 때 포부이고 나쁜 말로 하면 허풍이 셉니다. 아직 되지도 않은 일을 다 된 것처럼 얘기합니다. 장점이라면 자기를 어필하는 표현을 잘하고 자신을 은근히 그럴듯하게 포장하는 겁니다.

결국은 金이 빠져 있으면 처음에는 좋은데 상대하다 보면 말에 실속이 없는 걸 느끼게 됩니다. 어떤 사람이 말은 그럴듯한데 들여다보면 말뿐인 사람들 있죠? 결과가 없는 사람들이요. 무엇을 해줄 거라고 분명히 말했는데 시간이 지나면서 그 말은 어디로 가버리고 자꾸 바뀌죠. 오행이 金까지 안가니까 그렇습니다.

4) 水가 없어서 생기는 현상

水가 없으면 木이 木生火를 하는데 준비가 안 된 겁니다. 전쟁하는데 총알 없이 시작한 것과 같죠. 水가 없으니 火가 날뛰겠죠. 火가 날뛰면 계속 좋은 것만 찾습니다. 화려하고 좋은 것만, 커지는 것만, 높이 올라가는 것만 찾습니다.

근본적인 근원이 없는 상태에서 좋고 화려하고 큰 것만 쫓아가다 보니 어떻게 됩니까? 예를 들어 하는 일 없이 고시 공부한다고 세월을 보내며

[水가 없을 때 설명 中]

서 앉아있습니다.

金이 약해졌을 때 그렇죠. 그래도 금화교역이라도 되고 있으면 큰 결실은 아니더라도 일말의 결실은 거두지만 결실을 거두자마자 水가 없으니 저장하고 쌓아놓는 것이 아니라 새로운 곳에 투자해서 또 일을 벌입니다. 이런 사람은 사업은 큰데 자기가 가지고 있는 돈은 없는 사람입니다. 사업체 대표인데 돈을 어느 정도 돌릴 여유가 없는 사람들 있죠? 돈 벌면 또 투자하고, 돈 벌면 또 다른 일을 벌여서 항상 여유가 없는데 왜 사업을 키웠겠습니까? 가만히 있으면 불안하니까 그런 겁니다.

그러다가 어느 날 金이 망가지면 그때 부도납니다. 세운에서 木이 오면 金이 망가지겠죠. 金을 안 쓸 때 木을 쓰는 사람들은 뭘 못해서 난리인데 마음이 초조하고 불안하면서 일관성이 없습니다.

사주 볼 때 질문을 해도 이거 물어봤다가 저거 물어봤다가 합니다. 이건 어때요? 저건 어때요? 또 이건 어때요? 저건 어때요? 정신없이 물어보는데 그런 사람치고 잘 되는 게 있겠습니까?

어떤 분이 지지가 다 木이고, 부천에서 찜질방을 하시는데 십 몇 억이 빚이고, 3억짜리 자기 집에도 절반이 빚입니다. 그리고 가요주점도 하고 있었는데 그것도 빚으로 하는 겁니다.

<예제 15> 지지가 木으로만 된 경우

| 辰 | 卯 | 寅 | 卯 | 乾 |

그러면서 또 찾아와서 자기가 요양원을 하면 좋겠느냐, 뭘 하면 좋겠느냐 하면서 맨날 업종이 바뀌어서 물어봅니다. 또 자주 오시는데 너무 자주 와도 저에게 좋은 일이 아닙니다. 세 번 네 번 오면 사람 말이 무게감이 없어 저도 같이 가벼워지기 때문입니다.

잊어버릴 만하면 와서 이 질문, 저 질문을 막 정신없이 쏟아내고 갑니다. 또 엉뚱하게 어디에 있는 땅을 사신대요. 그리고 부동산 경매 중개 일도 한다고 합니다. 그러다가 빚내서 수원에 식당을 또 하셨다는데 너무 정신이 없습니다.

木이 너무 태과해서 이렇게 정신없이 사는 겁니다. 金도 없는데 辰 같은 것이 있으니까 어느 정도 사회적인 모습(火)은 갖추었을 거 아닙니까? 그런데 水가 없으니까 주점이나 사우나 사업하는 것들이 탄탄한 모습이 아닙니다.

 이 분은 늘 죽겠다고 그러면서 정신없이 돈을 쫓아다닙니다. 돈을 많이 벌 수 있다고 다단계도 한다고 했는데 6개월쯤 되었는데 다단계를 그만두었답니다.

 이런 식으로 오행의 상황에 따라서 그 사람의 심리적인 부분이 발동되고, 어떤 오행이 빠졌나에 따라서 그 사람의 방향이 어느 쪽을 향하고 있는지, 그다음 육친적으로 그것이 무엇인지를 봐야 합니다.

3
심리적 육친

  육친적으로 비겁은 주체성이고 천간에 같이 있을 때는 협동심이고 지지에 있을 때는 주체성이고 록祿인데, 록이 있으면 성질이 고약한 게 아니고 자기가 주체가 되어서 주도하려는 마음이 강하다고 보셔야 합니다. 성질이 고약하려면 사주가 꼬여있어야 성질이 고약하게 됩니다.

  소통이 안 되고 기운이 꽉 뭉쳐있어야 성질이 고약한 것이지 아무리 양인이 있고 백호가 있어도 소통이 되면 일도 잘 풀리고 성격도 좋습니다. 나는 수금收金이 안 돼서 짜증이 나 있는데 돈 벌었다고 옆에서 자랑하면 짜증이 안 날까요? 뭔가 막혔을 때 짜증을 내게 됩니다. 그 막힌 자리가 험상궂은 작용이 되는 것이지 어떤 글자 자체가 나쁜 건 아닙니다.

  식상은 자기가 뱉어내는 겁니다. 식상은 실천력, 표현력이고 식상이 재

[비겁, 식상의 심리에 대한 설명 中]

성을 통하지 않으면 반항심으로 바뀌게 됩니다.

재성은 사회성이고 계산된 마음입니다. 나한테 손해인지 이득인지 이해 타산을 따져보는 마음입니다. 어떤 일이 좌절될 때 짜증이 난다는 것은 내가 손해 봤다는 생각 때문에 짜증이 나는 겁니다.

관성은 정의롭지 못하고 법과 예의에 어긋날 때 짜증나는 겁니다. 세월호 사건에서 어떤 사람은 세월호 여파 때문에 경기가 나빠져서 장사가 안돼서 짜증이 난다. 어떤 사람은 선장으로서 역할을 못 해서 분노한다. 어떤 사람은 해경의 역할이 잘못됐다고 생각하기 때문에 벌해야 한다면서 시위합니다.

어느 한쪽으로 기운을 몰아서 쓸 때 그렇게 폭발하는 심리가 나오는 겁니다. 특히 식상관이 강해지면 더욱 저항적인 표현이 강해집니다.

남자도 식상이 강하면, 여자한테 '오늘 엄청 예쁘시네요. 맨날 봐도 예뻐요' 하면서 표현을 엄청 잘합니다. 근데 여자들은 이 남자가 나한테 관심 있다고 생각합니다.

<예제 16> 丑月에 丙火 식상을 쓰는 경우

丙	乙	
	丑	乾

예를 들면 겨울에 乙木 일간이 丙火 상관이 강해요. 말(丙)이 얼마나 좋습니까. 허풍이 좋지요. 여자들은 자기를 좋아하는 것으로 착각합니다. 근데 이 남자는 누구에게나 그렇게 행동하니까 여자가 많고 인맥이 넓습니다. 이런 식으로 되어있으면 기분 좋으라고 그냥 순수하게 칭찬을 하는 겁니다. 근데 다음 〈예제 17〉처럼 되어있으면, 이건 단순히 듣기 좋으라고 던지는 칭찬이 아닙니다.

<예제 17> 辰月에 丙火 식상을 쓰는 경우

乙	丙	
	辰	乾

여자에게 어떻게 해보려고 하는 겁니다. 자신의 목적을 달성하기 위해서 이 여자를 현실적인 수단으로 이용하려고 합니다. 〈예제 16〉처럼 丑月의

乙木이 쓰는 丙火는 여자한테 그렇게 상처를 주거나 못된 짓을 하지 못하고 그냥 그런 식으로 말하는 겁니다. 재밌고 상대방이 기분 좋으라고 하는 말이고, 순수한 것입니다.

辰月에 丙火는 굉장히 현실적인 것이기 때문에 이 사람도 언변이 좋습니다. 여자가 예쁘면 품고 싶은 욕심, 애인으로 만들고 싶은 욕심, 옆에 끼고 데리고 다니고 싶은 욕심이고 만약 여자가 돈이 많다고 하면 여자에게 칭찬을 아끼지 않습니다. 보통 제비들이 저런 식으로 되어 있는데 이렇게만 되어있다고 꼭 제비가 아니고 이것도 소통이 되면 착한 제비라고 보시면 됩니다.

여기서 金을 안 본다는 것은 거기까지만 쓴다는 겁니다. 土生金 金生水가 된다면 내가 여자에게서 얻기도 하고 나도 그 여자에게 주는 겁니다. 소통이 막혀있으면 나쁘다고 표현하는 방식대로 나타나게 되고 그 사람 생각과 행동이 그렇게 표현됩니다.

이런 형태로 사주가 되어있으면 "연애만 하려고 그러네?" 하고 그 사람의 마음을 보고 읽어 주는데 丙辰은 아주 끈질기고 지독해서 이런 사람한테 걸리면 끝까지 붙들고 늘어집니다.

4
용신^{用神}과 기신^{忌神}의 심리

여자분이 전화를 주셨는데 남자가 들이댄다는 겁니다. 申月에 태어난 어떤 남자분의 사주입니다. 丙火 상관이 있는데 천간에만 있고 여름에 火이니까 초가을에 제일 더울 때이고, 丙火의 불꽃이 가장 따갑고 부담스러울 때입니다.

<예제 18> 申月에 태어난 乙木의 경우

	乙	丙		
	酉	申	丑	乾

사람이 느낄 때는 되게 더울 때이고, 햇빛이 제일 싫을 때입니다. 저 남

[申月에 丙火를 쓰는 경우 설명 中]

자의 식상은 여자한테 호감을 사는 도구인데 **申月**에 **丙火**이니 여자한테 얼마나 부담스럽게 작용되겠습니까. 하지만 남자는 여자한테 쓰는 식상을 진심으로 현실적인 도구로 쓰고 난 뒤, 욕구를 충족하면 관심이 없어질 겁니다.

사람한테 현실적인 도구는 그 기능이 끝날 때 관심이 없어지는데 예를 들면, 동물 수놈이 암놈을 볼 때 사랑을 하고 싶은 겁니다.

〈동물의 왕국〉을 보시면 아시다시피 수컷의 본능입니다. 그러니까 남자의 첫째 본능은 종족 번식입니다. 여자도 마찬가지로 여자가 남자를 바라볼 때, 종자 보전의 도구로 바라보든 가정형성의 어떤 한 부분으로 보고 있는 겁니다. 그래서 관성이 되는 겁니다.

〈예제 18〉의 남자는 그냥 씨를 퍼뜨리는 것이 목적인지라 1년 지나고 2년 지나고 3년 지나면서 목적이 달성되면 점점 만족도가 떨어지고 그럼 그때부터 점점 마음에서 멀어지는 겁니다. 현실적으로 자신이 그런 점을 원했기 때문에 원한 것을 얻고 나면 관심이 없어질 수밖에 없는 겁니다. 근데 이상적인 것으로 보면 겨울에 火는 이상적인 것입니다. 영원히 잡을 수 없고 따라갈수록 멀리 가는 신기루와 같은 겁니다. 그래서 그게 용신用神인 겁니다.

내 아내가 용신이면 계속 봐도 예쁘고 설레고 가슴이 떨리는 겁니다. 그게 생명력이 오래가는데 그 신기루가 눈앞에서 멀어질 때 어떻게 느껴집니까? 완전히 좌절하게 되겠죠. 반면에 여름에 火는 오래 갈 수 있는 사랑이 못 된다는 겁니다.

이 사람은 지금 현재는 진심입니다. 여자한테 좋다고 들이대는 것은 진심이지만 처음에 여자한테 잘해주던 것들이 결혼한 뒤에는 같이 살고, 애도 낳고 나면 나중에는 전혀 부인 관리를 안 하게 됩니다.

용신은 감성적이고 감각적인 사랑을 나누고 싶고 계속 이 사람의 기운을 느끼고 싶고 보이지 않는 것을 추구하는데, 용신을 원하는 사람한테 아주 현실적이고 돈만 중요하게 생각하는 여자를 소개해준다고 하면 싫어합니다. 그리고 〈예제 18〉의 남자한테 착하기만 하고 순수한 사람을 소개해 준다고 하면 싫다고 합니다. 여자가 세련되고 도시 여자 같고 능력도 발휘하는 스타일을 좋아하죠. 丙申月 乙酉日은 그렇습니다.

배우자를 용신으로 쓰면 처음 만남을 순수하게 시작했기 때문에 계속 봐도 안 질립니다. 그런데 물질적인 조건으로 배우자를 선택하게 되면 처음에는 좋지만, 조건을 만족하지 못하면 문제가 생기게 됩니다. 돈이나 물질은 어느 정도 성취하고 나면 만성화가 되고 또다시 새로운 자극을 찾게 되어있습니다.

식상은 실천력이고 표현력입니다. 천간에 있느냐 지지에 있느냐에 따라서 조금 다른데, 지지에 있으면 실천력입니다. 지지에 있으면 행동적인 '실천력'이고 천간에 있으면 '표현력'이란 말이 적당합니다. 반항심은 火극金을 하는 형태입니다.

〈예제 18〉의 경우가 관을 무시하고 있습니다. 회사 생활하면서도 이 사주는 관을 자기보다 못하다고 생각하죠. 자기가 다니는 회사(官)가 나 같은 잘난 인재를 쓰고 있다. 게다가 회사를 망하게도 할 수 있고 흥하게도 할 수 있다는 착각에 빠지게 되는 겁니다.

관성이 있어서 사회 조직에는 늘 참여하면서 살고, 어떤 조직에 가게 되면 그 안에서는 지배하려고 합니다. 자기가 지배하고 있다고 착각하는데 얼마나 나서겠습니까. 그래서 이런 형태는 어디가도 사람들이 좀 모여 있으면 나서게 되어 있습니다.

나름의 재주는 있는데 여름에 金을 쓰면 재주가 좋은 겁니다. 회사 생활을 하기는 하는데 회사 차원에서 보면 이런 사람은 예의가 없으므로 회사에서 인정받고 성공할 유형은 못 됩니다. 이 사람이 회사를 위해서 土生金을 열심히 한다면 예의가 좀 없더라도 회사에 도움을 많이 주니 '뜨거운 감자'가 될 겁니다. 상사에게 복종은 안 하지만 능력도 있고 실적도 내니까 그냥 내버려 두기는 합니다.

그러나 土가 깨지면 어떻게 됩니까? 관하고 식하고 불안한 구조인 火극金으로 되어 있습니다. 언제든지 부딪칠 가능성이 있으므로 土의 작용이 없어지는 순간 반드시 회사에서 싸움이 납니다. 자기가 절대 안 지려고 합니다. 물론 지는 날도 있는데 水日, 金日인 庚, 辛, 壬, 癸日에 싸우면 자기가 고개를 숙이겠죠. 그러나 火가 강해지는 날에 싸우면 절대 안 집니다. 이 개X 같은 회사 때려치우면 되지 내 능력에 어디 갈 데가 없나 라는 양상을 보이게 되는 겁니다.

그 사람의 사주 안에 이루어진 글자 형태와 오행의 상황에 따라서 그 사람 심리가 좌지우지되는 것입니다. 말을 안 하고 앉아 있어도 그런 생각을 품고 앉아 있다는 거죠. 사람들은 생각하는 대로 행동합니다. 여자가 식상이 강하면 남편을 관리하려고 합니다.

〈예제 18〉이 여자라면 남자가 피곤해서 못사는 경우입니다. 火극金을 하고 있으니 여자가 남자를 달달 볶는 데 참고 살기가 어려워집니다. 식상관이 나와 있으면 달달 볶는 데 土生金으로 돌아가면 달달 볶기는 하지만 잘해주는 것도 있습니다. 달달 볶으면서 후원을 잘해서 돈을 어디서 끌어와 주기도 하고, 밥도 잘해주고, 잔소리 하는 거 빼고는 다 좋습니다. 하지만 같이 사는데 남편 뒷바라지도 안 해주면서 달달 볶기만 하면 어떤 남자가 좋아하겠습니까. 자주 싸우겠죠. 보통 식상이 강하면 부부가 오래 같이 못 산다고 통변을 하는데, 소통이 어떤 식으로 되어있는지 보셔야 합니다.

식상이 기신이라면 식상의 행위는 지나친 것이고, 식상이 용신으로 되어 있을 때 예쁘게 나타나게 됩니다. 표현이 예뻐서 식상의 행위가 있더라도 못사는 것은 아니라는 거죠. 예를 들면, 좋은 말인데도 상대방에게 '너 똑바로 살아야 돼.', '너는 행동이 가끔 지나치더라.' 이런 식으로 계속 얘기하면 기분 좋을 사람 없거든요. 식상은 관을 공격하게 되어있는데 재성이 없을 때 관을 공격하게 되므로 소통을 잘 봐야 합니다.

예를 늘어서 이 여자가 火 운으로 살 내입니다.

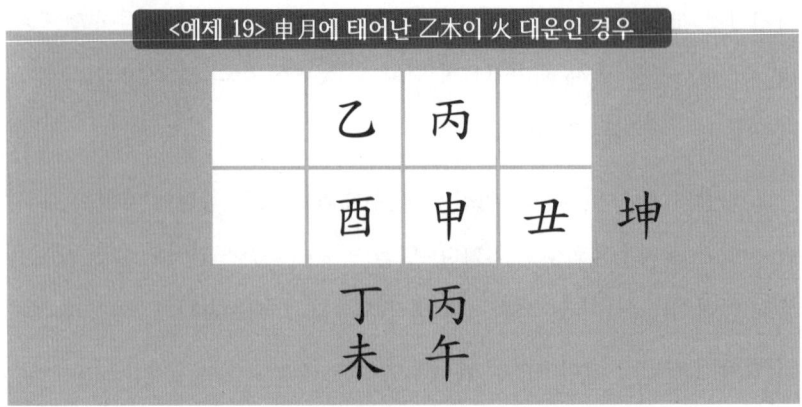

火극金을 엄청 하죠? 이러면 남자가 죽어도 같이 못 살겠다고 합니다. 여자도 식상 운이 되니까 내 자식이랑 살면 된다고 생각하고, 남자한테 관심이 없어집니다.

만약 사주 구성이 다르게 구성되어 있을 경우를 살펴봅시다.

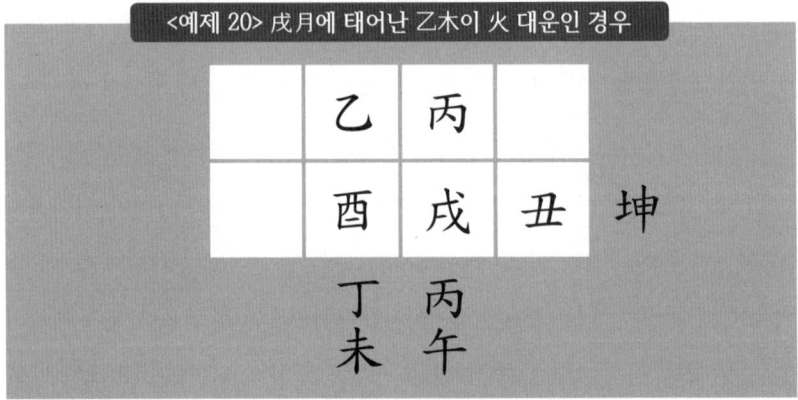

이 사람한테는 관이 기신이라 남자에 대해 하등의 미련이 없습니다. 관성이 기신이기 때문에 午 대운에는 戌과 합하니까 살지만, 未에 가서는 문제가 생기죠. 운의 작용을 잘 보세요. 운은 심리의 변화 작용입니다.

> **POINT** 용신用神은 내가 가장 추구하는 가치이고, 이상적인 도구로 생각한다.

용신은 내가 영원히 붙들었다고 만족감을 느끼는 글자가 아닙니다. 그러니 끝까지 쫓아가게 됩니다. 겨울, 봄에 태어나면 火가 용신이고, 여름, 가을에 태어나면 水가 용신으로 자신한테 필요하고 자기가 원하는 방향을 쫓습니다. 그 육친이 남편이나 자식이 되어 용신이면 끝까지 좋아하게 됩니다.

〈예제 20〉의 丙戌月 乙酉日 이 경우는 좀 쌀쌀하니 火 자식이 용신입니다. 이 분은 자식만 있으면 만족한다고 합니다. 남편은 뭐하는 존재입니까? 자식을 떠받고 있으니까 자식을 낳을 때와 키울 때 돈 벌어다 주는 정도입니다. 여자가 경제적인 능력이 생기고 나가서 사회활동을 하면 남자의 필요성을 못 느끼게 됩니다.

옆에 남자가 있어 봤자 밥이나 해달라고 하고 귀찮게 하면서 여러 가지로 피곤하게 합니다. 그러니 남자가 좋을 리 없고 차라리 없어져 버리길 바라기도 합니다.

봄 태생 같은 경우에는 좀 변수가 있죠. 辰月이면 경우가 다른데 辰月이면 火에 가까우니까 水를 더 추구합니다. 단, 조건이 없이 그런 것은 아닙니다. 寅月에는 火가 좋고, 卯月에는 경중輕重을 따져보고 火를 좋아하지만, 수단으로 水가 필요하니까 水를 추구하는 모습이 있습니다. 그래서 희신喜神은 용신을 이루기 위한 조력자로 생각하여야 합니다. 내가 자식을 키우려고 하니까 木이 있어야 하죠.

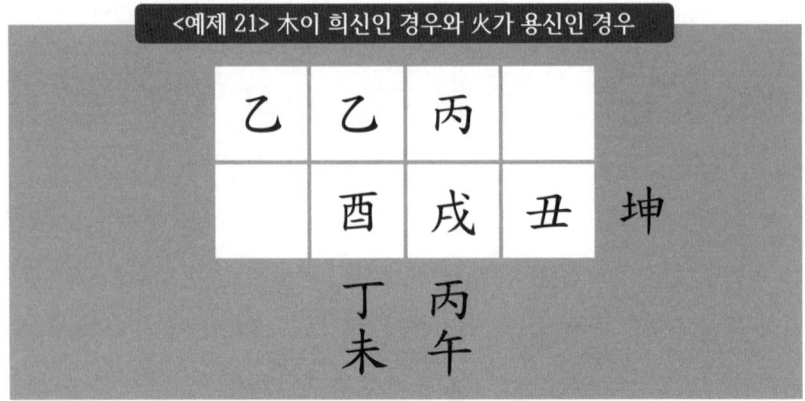

木은 이 사람한테는 친구이고 형제이니 친구, 형제한테는 잘하는 데 그 목적이 뭡니까? 내가(乙) 식상(丙)의 행위를 할 때 필요한 木을 조력자로 생각하기 때문에 친구, 형제한테는 잘할 수밖에 없는 겁니다. 그 정도의 느낌이라는 거죠. 기신忌神은 필요할 때만 실질적인 존재로 바라보는 것입니다. 실질적인 존재, 현실적인 존재로 생각합니다.

현실적인 남편이 기신이더라도 끝까지 이혼 안 하는 사람은 많습니다. 운에서 남편이 내 사주를 소통시켜주거나 현실적인 관계로서 역할을 잘 해줄 때 자신에게 필요성을 느끼게 되니 남편에 대해 큰 관심이나 애정은 없지만, 남편의 존재로 있어야 할 것 같다고 여기는 것입니다.

돈을 벌어다 주거나 애들이 아빠 없는 자식으로 불릴까 봐 걱정되는 것이라든가 또는 시어머니한테 미안해서 이혼은 못 하겠다든지 다른 이유로 그냥 같이 사는 겁니다. 사실 남편의 역할은 끝났다고 보는 거라서 남편에게 기대도 안 합니다. 어떤 때는 다른 핑계를 찾아서 이 사람은 이게 문제고 저게 문제라서 못 살겠다고 얘기하는데 사실은 자기 마음에서 멀어진 것이고 결국은 다 자기 문제입니다. 자기 마음에서 멀어졌기 때문에 그런 겁니다.

구신救神은 기신忌神을 도와주는 것으로써 심리적으로 기신의 뜻을 이루기 위한 조력자로 생각하는 겁니다. 그러니 그 역할이 상실되면 더 필요 없다고 생각하겠죠. 자기 배우자가 기신이고 구신으로 되어있는데 남편이 운에서 멀어지면 즉각 뭔가 대책을 세우게 됩니다. 사람이 얼마나 이기적입니까? 사람이 전부 착한 것만은 아닙니다. 저도 겨울에 태어나서 金이 구신인데, 제 마음을 보면서 생각합니다.

저는 친구를 별로 좋아하지 않는데 친구(辛)가 가끔 연락합니다. 동창회에서 연락이 온다든지 때로는 지의 비겁인 친구들이 와서 제가 좋다고 합

[겨울에 태어나 소통이 안 되는 경우 설명 中]

니다. 저는 별로 관심이 없고 그냥 친구니까 카톡 오면 답장 정도 하지요. 그렇게 지내다가 친구가 한번 기분 나쁘게 하니까 저도 모르게 친구 관계를 잘라버리게 되더라고요. 그냥 인정사정없이 '너 앞으로 나한테 연락 하지 마라' 고 말하고는 끝이었습니다. 비겁인 구신이 저한테는 필요가 없는 겁니다.

여자 운에서 남편을 치는 운이 올 때 남편이 기신이면 같이 안 산다고 하는데, 20년 잘살다가 어느 날 갑자기 헤어져서 그때의 운을 보면 남편이 기신으로 되어 있습니다. 그런데 남편이 용신이면 이러지도 저러지도 못하고 골치 아픈 거죠.

예를 들면 겨울에 태어난 사람의 사주가 이렇게 소통이 안 된다고 칩시다.

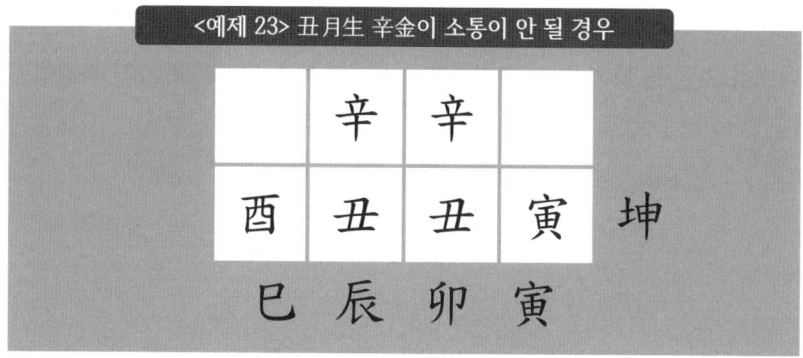

현실적으로 보면 남편(丙火)이 시어머니(寅)에 싸여 있습니다. 나한테 직접 도움도 안 되고, 바람피우고, 나쁜 짓을 하거나, 또는 나약하고 착한 사람이라고 칩시다. 이렇게 되어있으면 남편이 미운데 운이 寅·卯·辰·巳 양으로 가서 여자가 남편을 버리지 못하는 겁니다.

상황으로 봐서는 남편이 여자를 두들겨 패고 욕을 하고 심하게 한다고 쳐요. 남편이 쌍욕을 막 섞어서 하는데 그 여자는 어떻게 저런 소리를 들으면서 한집에서 같이 살까 하는 생각이 드는 겁니다. 그럼에도 못 헤어지는 이유는 여자가 남편을 버리는 게 두렵기 때문입니다.

남편한테 두들겨 맞아도 참고 사는데 다른 사람한테 물어보면 그냥 헤어지라고 하지요. 근데 애들 때문에 그럴 수는 없고 헤어지면 안 되는 이유를 늘어놓습니다. 결국은 곧 헤어질 것처럼 하다가 계속 같이 삽니다. '어떻게 됐습니까?' 라고 물어보면 요즘은 그냥 그렇다고 합니다.

이런 것이 딜레마입니다. 남편이 필요한데 같이 살긴 불편하고 木이 木生火가 안되고 뭉치면 그렇게 되는 겁니다. 요즘은 주먹만 폭력이 아닙니다. 여자도 폭력을 많이 쓰는데 말도 폭력입니다. 행동도 폭력이고요. 기분 나쁘다고 문을 쾅 닫으면 폭력이죠. 컵을 던져서 깨버리면 그게 폭력입니다. 다만 법 때문에 때리질 못할 뿐이죠. 간접적인 폭력으로 상대를 괴롭히는 것도 폭력입니다.

Part
03

그리고
육친六親이며

1
육친과 운 그리고 희기의 결합

운의 작용부터 설명하겠습니다. 어떤 운이 왔을 때 그 글자를 추구하게 되고 실현하려고 합니다. 글자가 기신忌神이 되었건 용신用神이 되었건 운이 간섭하게 되면 현실적인 뜻을 이루기 위해서 자신의 인생에 참여를 시킨다는 것이죠. 예를 들어 봅시다.

<예제 24> 寅月生 丙火가 亥 대운을 만난 경우

	丙			
	午	寅	亥	坤
亥				

[寅月에 태어나 亥 운을 만난 경우 설명 中]

寅月生이라 초봄에 추우니까 水가 기신이죠? 水 대운이 오면 사주 원국에 水가 있으면 기신이고, 午가 용신입니다. 午가 용신이니까 일반적으로는 午만 쓰면 좋다는 생각을 할 수 있는데 사실은 그렇지 않습니다. 亥를 쓸 때는 매우 현실적인 것으로 받아들여서 쓰고, 午를 쓸 때는 매우 이상적으로 쓴다는 겁니다.

보통 午는 보이지 않는 것이고, 亥는 이미 다 아는 것이라는 겁니다. 만약에 亥水가 남편이라고 하면 남편이 자신의 현실적인 면을 채워주길 바랍니다. 그러니 능력 없는 남자는 남자로 쳐다보지도 않습니다. 水生木해서 木生火하기를 바라는 것입니다. 만약에 亥水가 용신으로 되어있다고 하면,

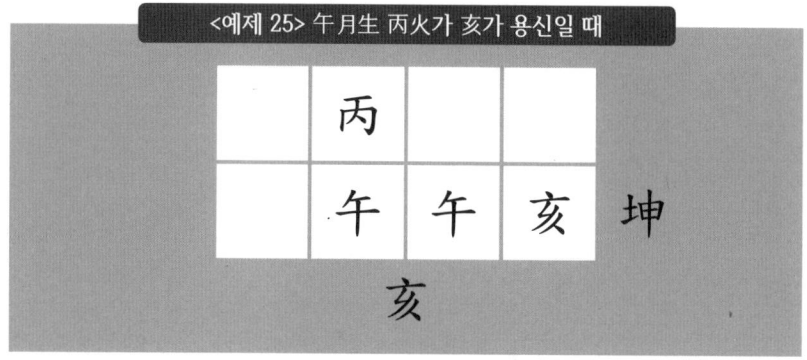

이런 경우는 **亥水**가 용신으로 좋죠? 좋은데 **亥水**가 **水生木 木生火**를 해줘야 나한테 도움이 되는데 **木生火**가 안 되니까 나에게 도움이 되지 않고 있습니다. 그리고 이 사주에서 **木**은 용신이 아니죠.

이 남자(**亥**) 자체는 좋은데 이 남자가 여자에게 **生**을 하는 것은 여름의 **木**이니까 내 마음에 드는 게 아닙니다. 즉, 자기가 원하는 게 아닌 겁니다. 이 남자(**亥**)는 굉장히 착하면서도 돈을 잘 벌어다 주길 바라는 마음인 거죠? 근데 그렇게 잘 안 되는 구조이죠. 이럴 경우 남편을 버리지도 못하고 남편의 역할도 제대로 되지 않으니 딜레마에 빠지게 됩니다.

남편을 내쳐 버리기는 아깝죠. 만약에 **水**(**亥**)가 없다면 얼마나 살기 힘들겠습니까? 그러니까 죽어도 남편을 못 버리게 됩니다. 그래서 이런 사주가 교통사고가 나서 남편이 갑자기 죽게 된다면 대성통곡을 하게 됩니다. 그런데 **丑月**에 태어난 사주라고 한다면 다릅니다.

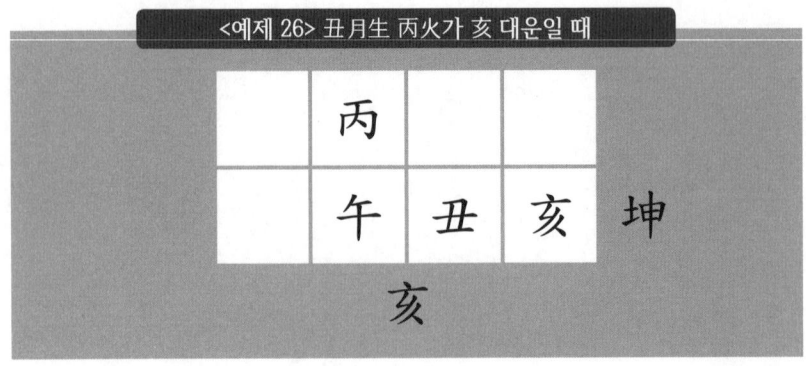

이렇게 되어있는데 **亥水** 남편이 죽었다고 하면 여자는 그때만 좀 울고 새로운 남자를 찾아야겠다고 생각합니다.

배우자가 〈예제 25〉와 같이 용신으로 되어있으면 간절히 그 사람한테서 순수한 기운을 원하게 됩니다. 이런 경우에는 남편이 돈을 안 벌어줘서 성질은 나는데 남편을 버리자니 두려운 겁니다. 이러지도 저러지도 못하는 상황이 되고 그냥 그대로 가게 되니 갈등이 많습니다.

남편하고 싸우면서 헤어지자고 말은 해놓고 이래서 못 헤어지고 저래서 못 헤어지죠. 남편이 사람이 좋아 보이는 것과 나한테 잘하는 것과는 별개의 문제입니다. 여자는 관인소통이 되어야 남자가 여자를 만족할 수 있게 해주는 것입니다.

어떤 여자분이 사귀는 남자인데 어떻게 해야 하냐고 전화가 왔습니다. 이 남자의 어떤 점이 문제일까요? 이 남자의 심리를 읽어 들어가야겠죠. 전화 오는 시간도 **巳**일 **午**시에 전화가 왔으니 **午**가 년살年殺이 되죠? 그러면 애정 문제입니다.

[午月生 癸水가 亥 대운을 만난 경우 설명 中]

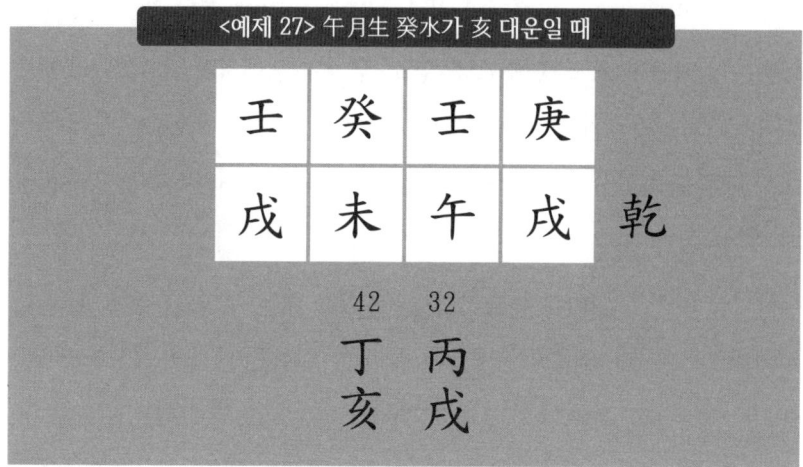

일단 애정 문제이니 재성을 먼저 봐야 하는데 午火이지요. 이전에 戌 대운이었고 午와 연결이 되었죠. 午火가 이 사람한테는 여자이고, 재성이 戌中 丁火, 未中 丁火가 있지만 일단 드러난 火를 중심으로 재성을 먼저 봐

야 합니다.

재성이 기신이니 이 남자가 여자에 대해서 어떻게 생각하겠어요. 여름의 후덥지근한 기운이고 만약 午火의 여자라면 좀 강성이겠죠. 여름에 戌時에 태어났지만 낮은 더웠을 것이고 남자는 밤에 있으니 그 여자에 대해서 즉 지나왔던 태양에 대해서 어떻게 생각합니까?

잘 지나왔다. 이제 시원하게 끝났다는 생각이 들 겁니다. 태양이 따가웠던 시간을 지나왔으니 여자한테 적극적이겠습니까? 아니겠죠. 戌 대운에 午戌로 합이 되면 좋거나 싫거나 인연은 있다는 겁니다. 그래서 꼭 좋은 사람만 인연이 되라는 법은 없는 겁니다.

이 남자가 여자한테 잘하는지 봐야 하는데 뭘 봐야 합니까? 식상을 봐야 하는데 식상이 未土 중에 乙木 있죠. 남자가 집에서만 잘하겠다고 했습니다. 식상이 자신의 관(未)에 싸여 있잖아요. 남자가 여자한테 집에서 식상의 행위를 하면서 午火가 未土를 生 해서 오히려 여자한테 받으려고 하는 겁니다.

남자는 자기도 역할을 하고 있다는 흉내만 내는 것이고, 午가 未를 生 하니까 이 사람은 현실적인 것들을 바라는 겁니다. 남자가 재생관財生官을 받고자 하는 마음은 여자의 후원을 받고자 하는 마음이 크다는 겁니다. 자신의 자식을 키워준다든지 자신이 사회활동을 하는 데 있어서 경제적인 것이나 뒷바라지하는 일들을 원한다는 말이죠.

火로써 재생관을 원하니 이 남자는 여자가 집에서 살림해주고 밥해주는 것을 원하는 게 아니겠죠. 여자가 뒷바라지해준다는 것은 사회적인 것이고 火의 세력이니까 여기에 金도 포함이 되겠죠. 여기에 식상도 들었으면 식

[午月生 癸水가 식상의 행위를 할 때 설명 中]

상은 움직이고 활동하는 데 도움이 되는 것이고, 자기는 여자한테 조금 해주고 여자가 자신한테 해주길 바라는 마음이 큰 것입니다.

이 사람이 줏대가 있습니까? 겉으로는 천간을 보면 여름에 金, 水가 깔려있으니 사람이 굉장히 부드럽고 좋습니다. 실제로 여자 입장에서 봤을 때는 어떻습니까? 여자가 계속 주기만 하지 받는 것은 적겠죠.

그리고 이 남자는 여름에 더우니 庚戌을 좋아할 것이고 부모님을 좋아하겠죠. 관성이 戌에 있으니 직장생활이나 사회활동 하는 것을 좋아하겠죠. 겉으로는 되게 좋은 남자인데 실제로 여자 입장에서 살아보면 남자가 옆에는 있는데 나를 사랑한다는 느낌이 전혀 없는 느낌입니다. 남자가 여자의 말을 듣겠습니까? 대운에서 록祿인 亥水가 강해졌으니 겉으로는 여자의 말을 잘 들어줄 것 같은 사람이지만 실제로 사귀어보니 전혀 아니라는 거죠.

이런 사주는 원국에 자신의 록이 없으므로 식상이 약합니다. 식상이 약하니까 乙木이 식상의 행위를 해줬다 말았다 그러겠죠. 未土가 살면 하는 척하다가 未土가 죽으면 안 하니 여자 입장에서는 헷갈리겠죠. 때로는 잘하다가 때로는 못하는 겁니다. 木生火를 했다 말았다 하게 된다는 거죠.

또한 식상食傷은 자기의 말과 행동도 되니 언행이 이랬다저랬다 줏대가 없습니다. 식상의 행동이 水가 없는 이유로서 식상의 행위 자체가 강하게 작용 될 수가 없습니다. 식상의 행위를 해야 할 이유가 없다고 보면 됩니다. 식상이 존재한다고 다 재財를 生 하는 게 아니라는 겁니다. 반면에 여자는 식상은 비겁의 生을 받은 식상이라야 재를 生 할 수 있다는 겁니다.

예를 들면 아버지가 있는데 아버지가 돈이 있어야 나를 生 하죠. 아버지는 있는데 식상이 없으면 아버지가 아무것도 없는 격이기 때문에 나를 生 할 수가 없다는 말입니다. 그래서 여자한테 결코 잘하는 남자가 아니라 여자한테 돈 받아쓰는 남자이고, 심리적으로 은근히 그렇게 바랍니다. 식상이 있으니까 여자가 차도 사주고 남자가 사회적으로 일하는데 도와줍니다.

乙木이면 여자의 문서이니 여자가 명의 같은 것도 빌려줍니다. 문서를 통해 남자한테 여러 가지를 해주었다고 하는데 이 남자가 하는 행동을 보니 너무 화가 나서 어떻게 해야 하는지 궁금하답니다. 여자는 남자를 정리하고 싶은데 남자와 금전 거래가 있었으니까 그 부분을 정리하려고 할 것이고, 이 남자가 어떻게 나올까를 물어봤습니다. 여자가 돈 달라고 말하면 남자가 돈 가지고 올까요? 여자한테 돈 주는 것은 식상입니다.

여자가 그 남자한테 전화했는데 전화통화를 하다가 바쁜 일이 있어서 조금 이따가 한다면서 전화를 끊었습니다. 그리고 전화 끊고 나서 여자와 다시는 통화 안 했고, 남자는 깔끔하게 정리해주는 사람이 못 됩니다. 식상이 약하면 어떻게 되죠? 水가 재성을 극剋 해버리죠. **水生木, 木生火** 되는 것은 해결이고, 극을 한다는 것은 통제하고 억지로 강제로 한다는 겁니다. 알아서 하라는 식으로 그러죠. 그리고 사주에 록이 없고 신약하니까 자꾸 도망가려고 합니다.

록은 주체적인 거죠. 어떤 일에 자기 자신이 피해자나 가해자로서 주체가 되어서 움직이려고 하느냐 안 하느냐의 문제인데 이 남자는 쏙 빠지려고 할 겁니다. 水 대운이 왔다고 할지라도 **甲午年**은 火 세운이기 때문에 빠지려고 하겠죠.

이 남자한테서 연락 오기가 힘들 것 같다. 여자가 나서서 법적으로 해결하든지 아니면 돈을 포기하든지 해야 한다고 말했습니다. 은근히 포기시키는 게 극인데 재성(午)으로 하여금 받는 것(木)을 포기하도록 하는 겁니다. 미묘하게 서로의 관계에 의해서 맞물려 돌아갑니다. 누군가 기신으로 되어 있는데 운에서 와서 움직일 때 인생의 사건이 일어나게 됩니다.

이 남자는 여자를 돈으로 보기 때문에 여자가 돈 벌어서 자기한테 도움이 될 수 있길 원하는 겁니다. 재생관은 남자가 자기가 원하는 것을 채워주길 바라는 것으로 여자가 돈도 벌고 집에서 살림도 해주길 바랍니다. 재생관이 水로 되어있으면 집안 살림이라든지 먹고사는 문제를 잘해줬으면 하는 바람이 있고, 木, 火로 되어 있으면 양기니까 사회적으로 여자가 경리도 봐주고 회계도 해주길 바라게 된다는 겁니다.

甲午年은 **午午** 형刑이 일어나서 갈등이 일어나는데 戌이 있으니 남자는 꼭 헤어지려고 하는 마음은 없고, 여자 입장에서는 딩징 끝내려고 합니다.

[여자가 재생관 하길 바라는 경우 설명 中]

두 사람의 관계는 양쪽에서 같이 끝내야 끝나는 겁니다. 한쪽이 끝냈어도 한쪽이 계속 찾아오면 안 끝납니다. 이 남자가 여자와 끝내려고 하지 않는 이유는 년지年支의 戌이 午를 합하고 있어서 쉽게 안 끝납니다.

未年으로 가면 午未 합슴으로 흩어져 버리고 午의 기능이 상실되고 戌土는 未와 형이 돼서 여자와의 관계가 정리되어간다고 볼 수 있습니다. 자신의 목적인 재성(午)이 기신이라 돈이나 경제적인 것, 사회적으로 도움을 줄 여자가 필요했었는데 그 용도가 끝나면 더 이상 그 여자가 필요 없다고 생각하게 됩니다. 남자가 여자한테 와서 사정하거나 빌지도 않죠. 원래는 여자가 필요했으니 끌고 다녔던 상황이었고 그 활용도가 끝나면 그냥 뒤돌아서 간다는 겁니다. 미련도 없는 것이고, 여자가 기신이거나 구신이면 그렇습니다.

운에서 기신 또는 구신의 글자를 칠 때 확실하게 그 글자가 없어지는데 대신에 용신일 경우에는 해석이 달라집니다. 어떻게 해서든 헤어지지 않으려고 하니까 방법을 강구하게 되고 주말부부를 하자고 할 수도 있습니다. 주말부부를 하면서 행복해하는 부부가 있고 주말부부를 하면서 괴로워하는 부부가 있습니다. 기신이면 행복하고 용신이면 매우 아쉬워합니다.

> **POINT** 용신의 글자가 운에서 가까워지면 기쁘고 내가 가장 원했던 것을 이룰 수 있도록 모든 조력助力을 아끼지 않는다.

용신의 글자가 운에서 오고 자기가 좋아하는 글자를 끌어 쓸 때, 좋은 뜻을 가지고 일하면서 끝까지 오랫동안 하려고 합니다.

> **POINT** 기신忌神의 글자가 가까워지면 기쁘지 않아도 나의 삶의 어느 한쪽에 도움이 되기 때문에 받아들이고 살아간다.

부부로 살면서 남편은 골프를 하고, 술 마시러 다니고 부인은 따로 해외여행 다니면서 정은 없지만, 그냥 같이 삽니다. 왜냐하면, 남자는 사회적인 지위가 있어서 이혼하면 안 되는 상황이라거나, 애가 용신이라 애 키워줄 여자가 필요하니까 내버려 두고 자기는 밖에서 하고 싶은 것을 하며 놀러 다니는 겁니다.

여자도 마찬가지입니다. 비슷한 입장끼리 만나요. 남자가 돈 벌어다 주니까 그걸로 쓰고 놀고 즐기면서 할거하면서 사는 겁니다. 이렇게 각자 살아가는 경우가 배우자가 기신일 경우가 많다는 겁니다. 목적이 뭐에요? 돈이 없잖아요. 그래서 남자가 돈을 벌어다 주니 부부의 관계를 유지했는데 돈을 안 벌어다 주는 순간부터 남편을 내쫓아 버리든지, 같이 못 살겠다고 합니다.

남자도 마찬가지로 여자가 필요한 목적이 끝나면 더는 쓸모없다고 생각하고 과감하게 끝내버리게 됩니다. 용도가 끝나버렸으니까 버리고, 용도가 있을 때는 애지중지하잖아요. 배우자가 기신이라도 처음 결혼하고 살기 시작할 때는 서로 애지중지하는 모습이 있습니다. 기신이라고 처음부터 얼굴 붉히고 싸우지는 않습니다. 부부가 서로 필요한 용도가 있을 때는 마치 잉꼬부부처럼 살게 됩니다. 가끔 TV에서 보면 처음에는 죽고 못 살 것처럼 서로 좋다고 하다가 어느 날 원수처럼 살게 됩니다.

자기가 원하는 것을 상대방이 채워주기 때문에 사랑한다고 착각하는 겁니다. 사랑, 진정한 사랑이 언제 있었습니까? 사랑은 자기 욕심에서 만들어진 사랑이지 진짜 사랑이라고 볼 수가 없었던 거죠. 사랑은 그 사람이 나한테 어떤 짓을 해도 사랑할 수 있으면 그게 사랑입니다.

진짜 사랑하는 사람은 드물어요. 부모와 자식 간에도 절대적인 사랑이 엄마가 자식을 사랑하는 태초의 그 마음으로 아기를 막 낳았을 때 사랑하는 마음이 잠깐 나온답니다. 그런 마음만이 진짜 사랑이죠. 나중에 애가 좀 크면 공부 못 한다고 섭섭해 하고, 공부 잘한다고 우리 자식 최고라고 하는 것은 자기의 에고Ego이지 사랑이 아닙니다. 사랑이라고 착각하는 거죠.

엄마가 자식에게 모든 것을 지원해주려는 것은 엄마가 자기만족을 위해 한 것이지 꼭 애들 좋아지라고만 한 것이 아니거든요. 애가 더 성장하면, '내가 너를 어떻게 키웠는데 그런 놈한테 시집을 갈 수 있단 말이냐?'라고 합니다. 사람들이 되게 이기적이라는 겁니다. 집착이고 욕심이고 팔자 안에 있는 글자가 다 자기가 가진 욕심이라는 겁니다.

2
없는 육친과 현상

1) 비겁^{比劫}이 없을 때

비겁이 없으면 자신이 일의 주인공이 되거나 자기중심의 사업을 하지 않는 것, 책임지려고 하는 것들이 약할 수밖에 없습니다. 남자가 특히 지지에 비겁이 없으면 남자의 식상은 어떨까 생각을 하셔야 합니다. 시상이 자용이 불투명하다는 겁니다. 흐리멍덩할 수밖에 없는데 한입으로 백 마디 한단 말입니다. 비겁이 없음으로써 생기는 문제가 좋았다가 나빴다, 이랬다저랬다 한다는 겁니다.

[비겁이 없을 때 식상의 작용 설명 中]

여자도 마찬가지입니다. 여자가 비겁이 없으면 어떻습니까? 자식을 生할 마음이 없는 것이고 자식을 낳아서 책임지려고 하는 마음이 없습니다. 아기를 낳아서 버리는 사람들도 그런 경우죠.

그 사람 입장에서는 당연한 것이고 그 사람의 의식과 생각 속에서는 책임지려고 하는 마음이 없다는 겁니다. 자식을 낳아놓긴 했는데 알아서 자라기를 바라죠. 게다가 자식이 기신이면 더 심합니다. 자식이 용신이면 좋아하긴 엄청 좋아하는데 뒷바라지는 하지 않습니다. 기신이면 그렇게 큰 정도 없고, 비겁도 없으면 자식이 스스로 알아서 하겠거니 하면서 자식이 뭐를 달라고 하면 의무적으로 내어주고 '네 인생 알아서 살아라'라고 합니다.

육친六親에서 하나가 없음으로써 생기는 작용을 생각해야 합니다. 식상이 없음으로써 어떻게 되죠? 비겁이 재성을 통제하게 됩니다. 남자가 여자를

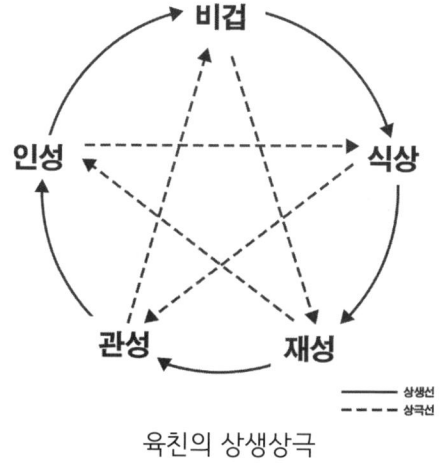

육친의 상생상극

生 하는 것은 서로 원하는 것이 합의되는 겁니다.

식상이 없으면 비겁이 재성을 극하고 통제하게 되죠. 극은 통제하는 것으로 무언의 압박이라든지 그렇게 할 수밖에 없이 몰아가는 것을 극하는 모습과 극하려는 심리라고 할 수 있습니다.

비겁이 없으면 주체성이 약하니까 사업하려고 하는 마음도 약할 것입니다. 그런 사람을 대장 시켜놓으면 대장 노릇을 굉장히 못 하죠. 상당히 부담스러워 합니다.

록이라는 것이 사주에 있고 어떤 상황에 주어지면 대장 역할을 하는데 사주에 없으면 못 받을 거 받은 것처럼 안달복달하며 불변하게 느낍니다. 사주 원국에 없는 것하고 운에서 와서 없애 버린 것의 차이가 있습니다. 내가 할 수는 있는데 안하는 것과 할 줄 모르는 것과는 다르잖아요. 지장간地藏干 속에 있다는 것은 다른 육진에 쌓여있는 거죠? 쌓여있는 육진의 행위를 하면서 작용하죠. 해당 육친의 행위 즉 관성이나 재성, 식상 등의 작용을 하면서 록의 작용이 일어납니다.

2) 식상食傷이 없을 때

식상의 작용이 없는 것은 비겁이 없는 것하고는 좀 다릅니다. 식상의 작용이 약한 것은 식상의 행위를 할 것처럼 보이는데 하지 않는 것이고 식상이 아예 없으면 식상의 행위를 할 것처럼 보이지도 않습니다. '내가 뭘 해주겠다' 이런 것도 없습니다.

재성은 식상을 먹고 사는데 식상이 없으니 재성을 키워야 할 생각이 없습니다. '여자가 집에서 살림이나 하지 그런 걸 배워서 뭐해' 라는 생각을 가질 수도 있죠. 남자가 여자를 백 프로 통제하려고 해서 여러 가지로 골치 아픈 일이 생길 수 있습니다.

식상 없는 남자는 여자 입장에서 골치 아픕니다. 자기 아랫사람을 부려먹으려고 하는 마음은 있어도 식신생재食神生財는 안 시켜주니 남을 키워주거나 길러주거나 혜택을 주는 것들에 대해서는 인색할 수밖에 없다고 봐야죠. 그 밑에 재성이 남아있기가 어렵죠. 보통 이런 경우에는 직장에서도 그다지 좋아할 수 있는 상사가 되지 못하겠죠.

여자 입장에서 식상이 없으면 관성을 통제하지 못합니다. 여자나 남자나 식상이 없으면 관성이 자유롭다는 말이죠. 식상이 없는 여자 입장에서는 남자를 통제하려고 하지 않고, 남자가 이렇게 하든 저렇게 하든 통제를 안 하거나 통제할 의지가 약합니다.

3) 재성財星이 없을 때

재성, 관성이 없으면 사회적인 면에서 문제가 많습니다. 비겁이 없으면 사업을 할 때나 어떤 일을 리드할 때 문제가 많지만, 재성이 없으면 직장생활 하는데 문제가 많이 생기게 됩니다. 재성이 없는 사람은 절대로 상사가 좋아하는 직원이 아닙니다.

재성은 관성을 生 하는 별이고, 사업을 하는 사람으로서 관성은 자기 회사입니다. 재성이 있다고 하는 것은 자기 회사를 위해서 헌신하고 노력하는 것입니다. 재성이 없고 관성이 있다는 것은 직장에 다닐 마음은 있는데 직장에서 열심히 할 마음은 없다는 거죠. 직장에 다니면서 월급은 받고 싶어 합니다. 직장에서 주는 돈은 인성이니까, 월급은 받고 싶고 회사를 위해서 목숨 바쳐 일할 마음이 전혀 없다는 겁니다.

예제를 하나 살펴보겠습니다.

未月에 태어난 사람이 水 대운이 오면 돈을 많이 법니까? 시원한 운이 오면 돈을 많이 벌겠습니까? 사주를 볼 때 우선 경제적인 것들을 많이 보게 됩니다.

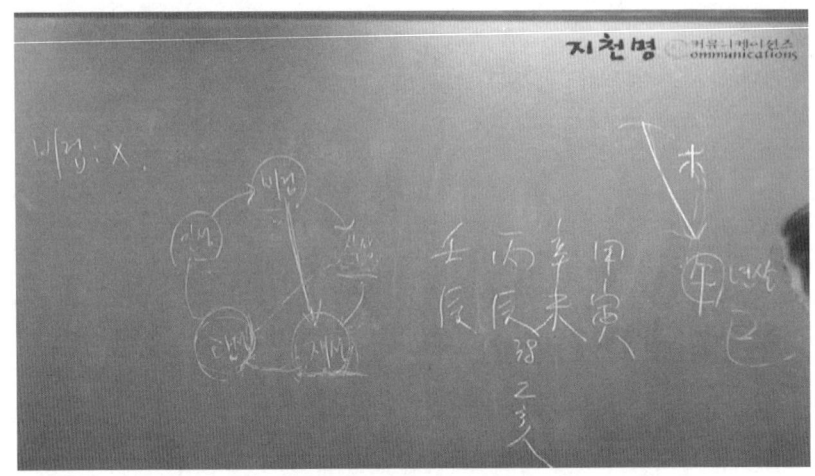

[재성이 없는 사주 설명 中]

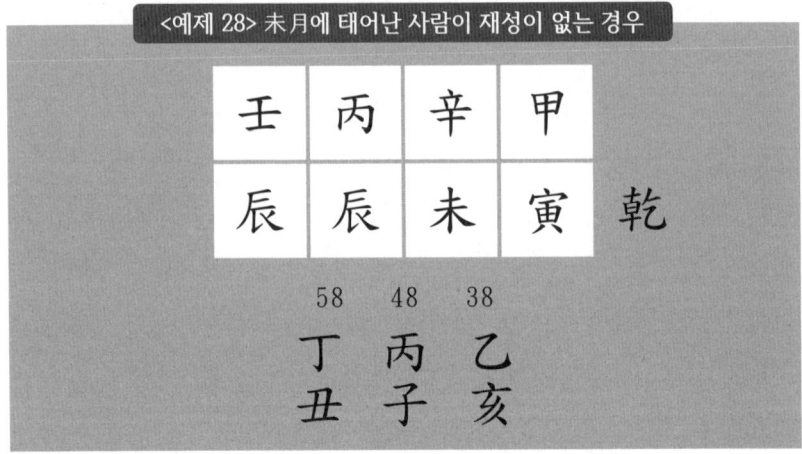

경제라는 것은 자신의 사회적인 활동하고 연관이 되어 있는 것입니다. 여자라면 결혼 여부에 따라 달라지겠지만 남자라면 일반적으로 돈을 벌어야 하는데 水生木, 木生火 밖에 안 되고 金이 없으니 이 사람은 계속 가치가 낮은 일에 관여할 수밖에 없습니다. 오행적으로 金이 빠졌는데 金이 빠지면 어떻게 되죠? 계획이나 기획력은 있지만, 현실성이 떨어지는 계획이 나올 수가 있습니다.

그리고 金이 없으니 사회적으로 이익을 보려는 계획이 치밀하지 않고, 경제적인 가치로 수렴하는 힘이 부족합니다. 丙火한테 金은 재성인데 재성이 빠진 겁니다.

甲午年에 오셨는데 운세가 별로 안 좋으시고 특히 몇 년간 더 안 좋아지셨습니다. 양기가 강해지니 새로운 것을 쫓아서 시작할 시기인데 직장을 다녀도 월급도 적고 직장에서 인정도 못 받으셨겠다고 했습니다. 얼마 전에 직장을 그만뒀다고 하셨는데 그만뒀기보다는 잘렸을 가능성이 더 크고, 직장 상사랑 사이가 안 좋았답니다.

이 분은 언제 돈을 버는 지 궁금해서 오셨습니다. 대운이 亥·子·丑으로 38, 48, 58 이렇게 가는데 '그동안 뭐하셨어요?'라고 물어보니 경영학 전공하고 회사에 다녔답니다. 요즘 뭐 준비하고 계시느냐고 물어보니 준비하는 것이 없답니다. 자격증도 없고 기술도 없다는데 그러면 돈 많이 벌겠습니까?

오해는 마세요. 사주 글자를 보고 읽어드리는 겁니다. 제가 볼 때는 손님께서는 회사에서 월급 받기를 바라는 마음이 있으나 회사에서 열심히 하지 않으시니 상사가 미워할 것이고 회사에서는 시키는 거 외에는 안 하는 사람으로 찍힐 것입니다. 그러니까 손님께서는 답답할 것이고 답답한 직원한테 월급 올려주거나 큰 보직을 주기는 어려울 것이고, 火의 모양도 未土로 덮혀있고, 未土가 양기가 지나쳐서 화려한 것도 아니고 水 대운이니까 자기 편할 대로만 살 것이고, 金生水가 안 되니까 관에 머물고 싶은 마음은 있지만, 관官을 위한 마음은 하나도 없는 겁니다.

관인소통官印疏通만 받고 싶어 하니 회사 입장에서 볼 때 회사 일 보다는 자기 시간 벌어서 책 보거나 쉬거나 좋아하는 취미 생활하는 사람을 회사에서 어떻게 좋아하겠습니까? 그러니 무슨 수로 성공하겠습니까? 그냥 회사에 취직하려고 하지 마시라고 했습니다. 일반적인 사회활동이 손님에게 맞지 않는데 그런 사회 활동을 하려고 하니 거기에서 자꾸 낙오자가 되는 것이다.

그러니 손님은 자격증을 따서, 水 대운이니 암중의 조용한 곳이나 지하, 시골 같은 곳에서 아무도 간섭 안 하는 직장에 들어가서 자리 지켜주는 일을 하면 적합하다고 했습니다. 자리 지켜주는 일은 어떤 게 있습니까? 아파트 보일러관리처럼 자기 할 일만 하면 더 할 필요도 없고 그냥 그 시간만 딱 지키면 퇴근하는 것 있죠? 자기 책임도 없는 그런 일을 말합니다. 주택관리사 자격을 따든지 아니면 시골에 가서 힐링센터 같은 곳에 가서 허드렛일을 도와주면서 살든지, 농사를 짓던지 손님은 일반적인 사회에서 불꽃 튀는 경쟁 속에 살면 안 맞는다고 했습니다.

金, 水 대운일 때 점포를 잘 지킵니다. 창고지기를 하라고 해도 잘합니다. 반대로 火 대운인 분들은 죽어도 그런 일은 못 합니다. 예전에 제가 20대에 卯·辰 木 대운 때 피씨방을 했었는데 피씨방은 자리를 계속 지키고 있어야 하는 일이고 초반에는 그럭저럭했는데 2~3개월 하니까 지겨워졌습니다. 3년 정도 했는데 3년 내내 아르바이트생만 쓰고 아침에 가서 돈만 걷고 그랬습니다. 지금은 그런 일은 다시는 안 한다고 맹세했죠.

편의점에 가면 주인이 밤에 있는데 그분을 보면 되게 존경스러웠습니다.

아마 그분은 水 대운이었을 것이고, 그런 분은 자리 지키는 일을 잘합니다. 크게 안 움직이고 틈틈이 자기가 하고 싶은 것을 할 수 있는 일을 좋아합니다.

火가 정체되어 있으면 어떻습니까? 火는 가만히 있으면 불안해합니다.

사업한다는 어떤 분을 만났는데 사주가 이렇게 되어있습니다.

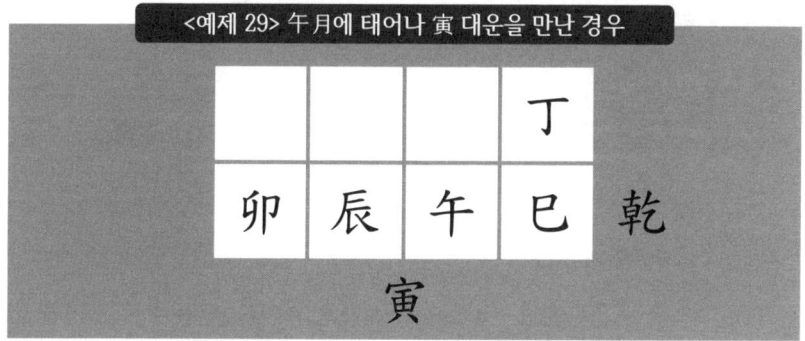

매우 현실적인 사람이고, 지금 寅 대운이니 木生火가 막 일어날 텐데 지금 일이 잘 안 풀리고 있습니다. 그러니까 과거에 해오던 사업을 접고, 지금은 잠시 쉬는 중이라는 겁니다. 쉬는 동안 불안하고 조바심이 나서 죽겠답니다.

가만히 있으니까 죄책감을 느끼는데, 당장 먹고살 돈이 없는 것도 아닌데 조바심을 내는 마음이 양의 특성입니다.

음의 특성은 지금 내가 하는 틀이 무너질까 봐 걱정하고, 가지고 있는 것을 까먹을까 봐 걱정합니다. 이래도 걱정, 저래도 걱정이죠. 그래서 재성이 없는 사람을 쓰면 사장으로서는 성질이 나게 되니 창고지기나 쓰면 딱 맞

[午月生이 寅 대운을 만났을 때 설명 中]

습니다. 이 사람한테 무엇을 더 기대해도 나올 게 없습니다. 그리고 여자가 재성이 없으면 재생관을 안 할 것이고 남자를 돕고자 하는 생각 자체가 없습니다.

천간에 있으면 말로만 도와주고 지지에 있으면 현실에서 도와주는데 재성이 木, 火로 되어있으면 사회적인 방법으로 도와주는 것이고, 金, 水로 되어있으면 몸을 써서 밥을 챙겨준다든지 정리를 해준다든지 하는 도움을 주는 것입니다. 남자 입장에서는 재성이 없는 여자와 결혼해서 같이 살면 여자의 도움을 받을 길이 별로 없다고 보시면 됩니다. 남자를 도와야겠다는 생각 자체가 여자의 머릿속에는 없습니다.

4) 관성官星이 없을 때

관성이 없으면 직장생활을 해야겠다는 마음 자체가 별로 없습니다. 직장(관성)이라는 것은 안정적으로 인성을 生 해서 자기의 생활을 보전 받고자 하는 심리가 강한 겁니다. 관이 추구하는 것은 인성입니다. 사람마다 똑같은 직장이어도 직장생활의 목적이 다른 이유가 인성이 다르기 때문이죠. 공무원과 일반 회사 다니는 사람도 차이점이 있는데, 공무원은 나중에 연금도 나오고 스스로 나가기 전에는 실직할 일이 없으니 안정적으로 느낍니다.

대기업하고 중소기업하고 따지는 게 인성이 다르니까 따지는 겁니다. 관성을 따지는 사람도 있는데 그건 회사의 브랜드 파워로 자기의 자부심에 만족을 느끼는 겁니다. 관성은 그런 것을 말합니다.

관성이 없으면 회사를 통한 자부심이 약하고, 회사로부터 덕을 보려고 하는 마음이 없는 것이니 회사에 다닐 이유가 없죠. 관성이 없으면 재성이 재극인財剋印 하니 대체로 뭘 하겠습니까? 자기 사업 중심으로 가려고 하는 마음이 강하겠죠. 그리고 관이 없으면, 인성인 부모나 후원자를 활용할 마음이 약한 겁니다. 인성이 윗사람, 어른, 선생, 학문, 부동산 등등 주로 이런 것들인데 이런 쪽을 살리는 것에 관심이 없다는 것이고 자격증 따는 데 관심이 없습니다.

비슷한 예제를 살펴봅시다.

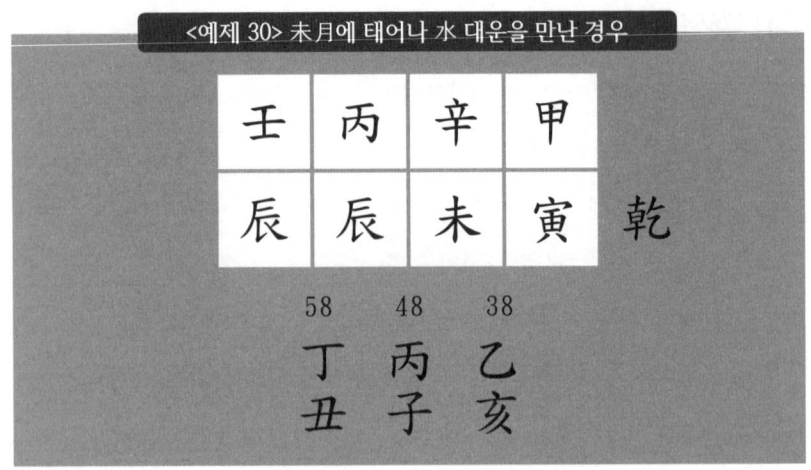

이 사람도 자격증 따는 데 관심이 없지만 水 대운이 오면 관심을 좀 가져볼 수는 있습니다.

水生木은 미래를 위해서 준비하고 만들어내는 과정인데 일반적으로 공부하는 겁니다. 그래서 공부해서 자격증 따라고 했습니다.

이 해석은 무엇을 바탕으로 하는 것입니까? 오행과 빠진 육친과 희기喜忌를 염두에 두고 해석하는 것이고 그래야 정확한 컨설팅을 해줄 수가 있는 겁니다. 그냥 육친만 가지고 편협한 해석을 하면 안 됩니다.

이분이 현실적으로도 결혼할 형편이 못 되는 건 사실인데 그래도 옛날에는 지금보다는 나았습니다. 水가 부족하고 金이 부족한데 水가 와도 별로이고, 金이 와도 별로입니다. 그러니까 아주 잘 될 사주는 아니지만, 金이 왔을 때 가치 있는 결과를 내게 됩니다. 물론 크게 축적하고 저장하는 힘은 없어서 운이 좋았다고 볼 수는 없지만 그래도 申, 酉 대운 때는 좀 괜찮았을 겁니다. 하지만 金 대운에는 결혼할 마음이 별로 없거든요. 회사 다닐 때는 재성 운이었죠.

재성 운 일 때는 회사 일을 열심히 했지만 지금은 열심히 할 마음이 있습니다. 하지만 水 대운에 金이 없으니 열심히 하지 않아서 일반 회사생활은 힘이 듭니다. 亥 대운에 와서는 습濕해졌으니 결혼은 엄청 하고 싶어 하는데 가진 돈도 없고 직업이 변변치 못해서 결혼하기 힘들고 되는 일이 적으니까 좌절을 하는 거죠. 남자가 돈 없다고 장가 못 가는 현실은 세상이 잘못되고 사회가 잘못된 겁니다.

옛날에는 잘살든지 못살든지 장가보내버렸으니까 갈 수 있었지만, 요즘은 힘들어요. 옛날에는 고을에 30세 먹은 처녀, 총각이 있으면 그 집 부모가 처벌받았어요. 나라가 젊은 남녀를 결혼시켜서 사회를 안정시켰고, 조선 시대 때 결혼하면 시집 장가간다는 선물로 보리 한 말씩 주었습니다.

학생 亥 대운에 寅亥 합 하잖아요? 水, 木, 火, 土 쓰면 丙申, 丁酉年에 좋지 않나요?

덕연선생 좀 나아지죠. 뭐 잠깐 1~2년 운세 좋았다고 돈 많이 벌겠습니까?

돈을 많이 버는 것을 보려면, 대운에서 金이 와야 하는데 이 사주는 그런 게 없고 세운에서만 잠깐 오는 겁니다. 그때 직업이 잠시 안정이 되는 거죠. 金이 대운에서 와서 사주에 있던 양기와 합쳐서 고부가가치가 있는 곳에 발을 디뎌야 하고, 그런 공간으로 가야 돈을 벌 기회가 오는데 그럴 수 있는 공간으로 가지 못합니다.

기회가 적은 소말리아에서 어떤 기회를 잡으려고 한다고 잘 잡힐까요? 관이 없으면 인을 生 하려는 마음이 약하다고 보시면 됩니다. 저도 관성이 약해서 어른들한테 잘하지 못하는데 지금은 관성 운이라 조금 노력하는 편입니다. 확실히 관성 운인 火 대운 들어오니까 어른들을 좀 챙기려고 하고, 생각하려는 마음이 많이 생깁니다. 아버지, 어머니, 선생 같은 분들을 위해서 좀 노력을 하는데 원래 관성을 가지고 있는 사람들에 비해서는 못합니다.

그리고 자격증이나 부동산에 대한 생각 자체가 없었어요. 팔자에도 없고 운에서도 안 오면 생각 안 하죠. 제 사주에서 인성(丑)은 있어도 **水生木**을 안 하니까 그동안은 자격증이나 부동산을 안 잡았지만, **水生木** 되는 운이 왔을 때 잡게 된다고 보시면 됩니다.

5) 인성印星이 없을 때

인성은 어른, 선생, 학문, 부동산 등의 것입니다. 사주에 관성은 있는데 인성이 없으면 좋은 선생을 찾는데 좋은 선생이 나타나질 않습니다. 스승이 될 만한 사람이나 자기를 도와줄 만한 후원자가 안 생깁니다.

인성이 없으면 어떻겠습니까? 관성은 있고 인성이 없으니 살릴 인성이 없어서 결국은 없는 공부를 하거든요. 보이지 않는 정신적인 분야의 공부 말입니다. 인성이 없는 사람은 인성적인 도구를 통해서 이루는 것이 아니라 인성이 없음으로써 비겁으로 살아가야 합니다.

[인성이 없을 때 설명 中]

　자기 스스로 어떤 일을 해보고 경험을 통해서 얻어가는 형태로 삶을 살아가게 됩니다. 인성이 없음으로써 균형이 틀어지는데 인성이 없으니 관성이 와서 비겁을 극하게 됩니다.

　여자가 인성이 없으면 남편이 자꾸 이래라저래라 피곤하게 하는 사람이죠. 편관이라 피곤하게 하고 정관이라 피곤하지 않다는 게 아니거든요. 인성의 작용이 없으면 관성이 비겁을 압박해서 피곤해지는 거죠.

　남편이 해주는 것은 없이 해달라고 하는 요구는 많은 겁니다. 이런 관계가 희기에 의해서 관성이 용신일지라도 인성이 기신이면 사람은 좋은데 하는 행동은 만족이 안 된다고 봐야 합니다.

　만약에 재성이 용신이고 식상이 희신이면 내가 여자도 좋아하고, 내가 해주는 서비스도 여자가 좋아합니다. 그러면 '우리 남편이 너무너무 잘 해줘요'라고 하는 겁니다. 남자와 여사의 관세에서 그런 일이 발생하는 겁니다.

관성이 남자 입장에서는 자식인데 기신이니 자식은 상대적으로 소외될 수밖에 없습니다. 예전에 모 방송국 TV 프로그램에서도 나왔잖아요. "우리 아빠는요. TV를 볼 때, 우리 엄마를 아빠 무릎에 앉혀놓고 봐요. 그리고 엄마한테 맨날 '우리 아기' 라고 불러요." 남자는 자식이 관심 없는 겁니다.

애들한테만 그럴까요? 그분들 부모님도 소외당하겠죠. 이 사람의 기운이 식상재성食傷財星으로 많이 집약되어있기 때문에 식상, 재성의 육친이 볼 때는 좋은 사람이고 관성, 인성의 육친이 볼 때는 나쁜 사람입니다. 사람마다 자기 견해가 다르다 보니 좋은 사람과 나쁜 사람으로 자기가 보는 각도에서 얘기할 뿐이라는 겁니다.

Part
04

심리를
바라보자

1
오행과 육친의 심리작용

[辰月에 태어나 申 대운을 만난 경우 설명 中]

봄날에 목기木氣가 강하죠? 아침에 태어나서 丙辰의 화려함이 있고 화려함을 조절하는 水도 있죠? 土도 있는데 문제는 金이 없는 겁니다. 대운에

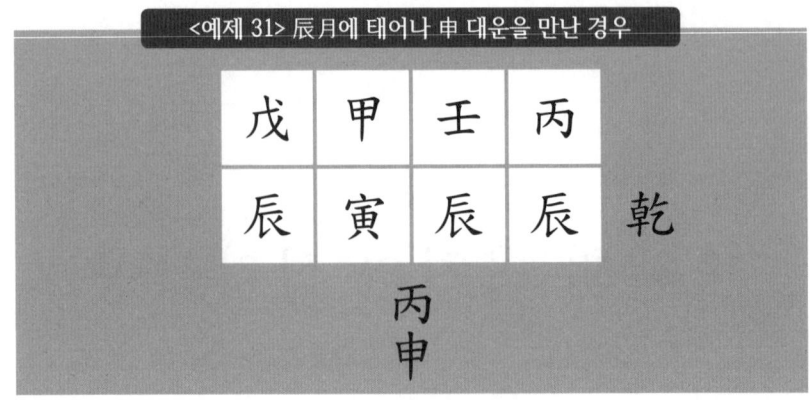

서 金 운이 와있지만, 지지에 水, 火가 부족하잖아요. 오행적으로 봤을 때 辰 자체에 火 기운이 있어서 사회활동을 하고 있으나 번듯한 모습이 아니고 외적으로만 번듯한 것을 쫓아서 가는 모습이겠다고 볼 수 있겠죠.

水(癸水)가 있는데 金이 없으니까, 관이 없죠? 첫째, 직장생활을 못 할 것이고, 관이 없으면 인성의 기능이 들쭉날쭉하겠죠. 대체로 이런 사주는 양기陽氣가 충천할 때 운세가 안 좋아지고, 壬水가 훼손당할 때, 丙辰에서 나오는 식상의 기운이 강해져서 안 좋습니다. 식상은 말과 표현이니 자기주장이 너무 강해질 수 있습니다.

사주에서는 金이 없고, 辰月이라 壬水보다는 丙火가 강하니 식상의 기운이 강한 겁니다. 식상은 창조하고 무엇인가를 만들어내는 기운인데, 목기와 결합해서 丙辰으로 辰土와 있으니까 많은 재성들이 쓸 만한 무언가를 만들어내는 구조라고 볼 수 있습니다. 辰年, 巳年, 午年에 계속 무엇을 만들어내고 있었겠죠? 木生火까지 되었는데 巳, 午에서 돈이 벌리려고 발동을 하지만 이 사주가 水가 부족한 원인으로 인해서 火 세운을 잘 쓴다고 보기 어렵습니다. 일단 金 세운으로 넘어가서 水 세운 정도 돼야 水(壬)가 장생하면서 펼쳐지는 양기를 잡으니까 균형이 좀 잡힌다고 봐야 합니다. 어쨌든 화세火勢가 줄어든 상태에서 오행의 균형을 맞춰서 이루어가니까 크고 화려한 것을 통해서 큰 성취를 이루는 것이 아니고 작고 조그마한 소득의 원천을 가지고 모아서 수익을 올려야 하는 사주라고 봐야겠죠.

학생 2003년도부터 12년째 개발업만 하고 있는데, 올해 甲午年인 데 왜 공부에 관심을 두는지 모르겠어요.

덕연선생 壬水가 甲木을 水生木 하니 공부해서 사회적으로 써먹으려고 배우는 거죠? 공부해서 사회적으로 丙火를 만드는 데 써먹으려고 배우는 겁니다. 그것은 辰으로 재성이고 인성이죠. 재성은 내 밑에 사람이고, 인성으로 문서나 권리를 갖겠다는 생각이 있는 겁니다.

학생 午未 합이 되면 흩어진다고 하셨는데 내년에 寅未가 되면 흩어지나요?

덕연선생 未年에 짝이 없어서 좀 그렇죠. 甲하고 未하고 암합暗合은 지어졌지만, 실질적으로 그렇게 마땅한 모습이 없거든요. 오히려 辰辰이 형적인 내용으로 나타날 경향이 좀 있어 보입니다. 싸움이 나는 것으로 볼 수 있고 생각처럼 잘 안 되는 겁니다. 제대로 쓰이려고 하면 酉 세운부터 辰이라는 조직의 요구와 酉라는 나의 요구가 들어맞겠죠. 세운 巳, 午에서 金이 장생해서 돈을 벌긴 벌어도 만족스럽지 못한 상태라고 볼 수 있습니다.

오히려 아주 힘들고 깨지는 시기는 寅卯辰 세운입니다. 처음에 전화 주셨을 때가 辰年쯤 되었는데 그때가 제일 안 좋을 때죠. 辰年에는 돈을 못

[水生木, 木生火로 쓰는 경우 설명 中]

벌면서 돈이 나가기만 하니까 괴로운 것이고, 辰辰 형으로 싸움이 나겠죠. 동시에 辰이 움직일 때 같이 움직이니까 싸워도 여러 사람하고 싸워야 합니다.

학생 甲午年에 水生木을 해서 공부가 시작되었다고 하셨는데 자체적으로 水生木 되어있는 것은 무엇입니까?

덕연선생 水生木은 원래 가지고 있으니까 항상 배워서 만들어가려는 생각이 있고, 매우 현실적으로 활용하려고 합니다.

이분의 문제가 뭐라고 생각하세요? 사주에 火가 없고 金이 없고 지지에 드러난 水도 없습니다. 그리고 辰月이기 때문에 水가 많이 부족한 상태이고 지장간地藏干에 있긴 있으나 부족합니다. 이상은 큰데 현실적으로 그 이상을 이룰만한 지지의 내용이 약하다는 겁니다.

생각은 丙火로 인해 팍팍 돌아가서 누구보다도 크고 현실적이지만 金이 없습니다. 생각은 좋은데 현실에 가져다 쓸 때는 그대로 쓰기가 어렵다는 겁니다. 세운에서 金이 살아나야 하는데 寅, 卯, 辰에 만들었던 것은 다 이상적인 내용이었을 뿐이고, 寅, 卯, 辰에서는 金이 다 죽어 있죠. 그냥 예전에 했던 것으로 먹고사는 시절이고 金이 완전히 죽어 있잖아요. 개발한다고 했을 때 그것은 100% 다 현실적으로 가치를 내기 어려웠던 가상의 큰 계획들이라는 거죠.

학생 기존에 개발했던 것이랑 辰年부터 틀어졌어요.

덕연선생 金이 살아나면서 현실성을 바라보게 되는 것이고, 사주에 寅하고 辰밖에 없으니 寅·卯·辰 木의 구간에서만 놀게 됩니다.

사주에 水도 있어야 하고, 火, 金, 木도 있어야 합니다. 木은 내가 새싹을 틔우고 만들어 내는 게 현실이고, 水는 가까운 과거니까 아는 내용이고, 火는 앞으로 다가올 가까운 미래이고, 金은 먼 미래입니다.

근데 이 사주는 火와 金에 대한 생각과 개념이 약합니다. 당장 눈앞에 보이는 현상만 보고 무언가를 만들고 있으니 정작 만들어 내고 나면 주기가 짧은 시장에서 얼마나 가겠습니까? 만들어 낸 것이 木에서만 노니까 사업의 수명이 짧죠.

火를 갖추고 金을 갖추었다는 것은 미래적인 것을 염두에 두고 가는 것인데 자신이 팔자에 못 갖췄지만 운에서라도 와 있고, 酉金 대운은 관성으로 와 있습니다. 조직이나 회사처럼 조직의 역량을 빌려야 하는 겁니다.

자신이 火까지 아이디어를 내줘도 돈 버는 것은 金이 벌었으니 시각이 근시안적일 수 있다는 겁니다.

木의 입장에서 金은 너무 추상적이고 먼 미래의 이야기입니다. 木 구간의 사람이 金을 생각할 때 너무나 막연한 생각이란 거죠. 木에서 火까지는 가능한 생각입니다.

돈 벌려고 하면 첫 번째로 남한테 피해가 되면 안 됩니다. 내가 하는 일이 누군가한테 도움이 되는 일이어야 오래 갈 수 있는 겁니다.

두 번째로 水의 작용에서 木의 작용을 거치고, 火의 작용을 거치고, 金의 결과를 얻었을 때만 내가 20년, 30년 죽을 때까지 오랫동안 먹고살 수 있는 결과물들을 만들어낼 수 있고 결실이 크고 오래가는 겁니다.

비닐하우스에서 기른 과일하고 자연에서 기른 과일하고 똑같이 상온에서 놔뒀을 때 처음 봤을 때는 비슷해 보이지만 비닐하우스 과일은 일주일만 놔둬도 물러집니다. 자연에서 기른 과일은 한 달씩도 가요. 그러니 자연적으로 만들어야 한다는 겁니다.

水의 작용이나 木의 작용이 길고 지겨운 겁니다. 水는 보이는 게 아무것도 없고, 木에서는 당장 돈이 안 되고 나가기만 하니 마음이 급해져서 사람들이 火와 金부터 쫓아가는데 火와 金은 건조함을 만들게 됩니다. 앞에서는 돈을 벌지만, 뒤에서는 계속 돈을 마르게 하므로 인생이 들쭉날쭉해집니다. 잘못해서 교도소 가고, 망하고, 벌금물고 그러는 겁니다. 이렇게 되면 오래갈 수가 없고 성공할 수가 없다는 거죠.

학생 〈예제 31〉에서 金이 없어서 귀한데, 金이 왔을 때 확실히 효과를 발휘하나요?

[水, 木, 火, 金의 작용 설명 中]

덕연선생 사주에 金을 잡을 수 있는 辰이라는 씨앗이 있는데 아직 안 왔고, 酉金이 올 때 잡을 수 있습니다.

申 대운은 金은 왔는데 水도 부족하니 인성 水를 써서 남의 말을 들어야 합니다. 관인소통을 해야 듣는 것이죠. 현실적인 사람일지라도 역학을 배우고 있으면 자신의 허실虛實을 먼저 알아야 합니다.

돈을 벌려면 내 허실을 먼저 알아야 합니다. 내 빈틈을 알아야 남의 빈틈을 알 수가 있는 것인데, 내 빈틈은 생각 안 하고 돈을 어떻게 버냐고 묻고, 남의 빈틈만 생각하니 돈을 못 버는 겁니다.

주식매매라는 것이 火와 金입니다. 돈 벌려고 서로 치고받고 싸우면서 그중에 일부가 돈을 버는 것이고, 나머지는 그 사람한테 보태주는 것입니다. 한 명이 돈 벌려면, 전 명이 얼마씩 잃어줘야 몇 억 벌 거 아닙니까.

[金이 귀한 사주에서 운에서 金이 왔을 때 설명 中]

火, 金은 水에서부터 시작한 게 아니니 자기들이 기업을 일으키는데 아무것도 한 게 없죠. 시세차익을 보는 것이기 때문에 내 물건을 직접 매매하는 것은 아닐지라도 木을 통해서 내가 환경을 제공했잖아요. 그러면 水가 허결하여 마를 수밖에 없습니다.

오행으로 봤을 때, 다른 사람에게도 득이 되고 나도 득이 되는 일을 하라는 겁니다. 예를 들어 명리 교육하는데 있어서도 누군가 협박하고 사기 치는 나쁜 짓을 하게 되면 그것은 선생이 만들어 낸 것이고 선생이 교육을 잘못한 겁니다.

명리 공부하고서 부정적으로 나쁘게 쓰면 안 됩니다. 사람의 약점을 이용해서 돈을 갈취하면 안 되는데 그런 사람치고 잘되는 사람도 없습니다.

정관은 옳은 길을 가려는 고집이 있어서 그렇게 돈을 벌지 않으려 하는데 관이 없으면 옳은 길을 무시하고 식신을 써서 편법을 통해 직접 가려고 하는 겁니다.

〈예제 31〉에서 辰月이 아니고 겨울(子)에 태어났다면 수완이나 능력이 발휘되었을 텐데, 辰이라는 계절의 입장에서 丙辰의 모습이 무리가 되고 있다는 겁니다. 내가 똑똑한 것만 믿을 게 아니라 내가 놓치고 있는 것을 봐야 똑똑한 거 아니겠습니까? 나로 인해 누군가 피눈물 흘리는 사람이 있으면 잘못된 겁니다. 그런 일은 하지 말고 좋은 일을 해야 내가 좋은 소리를 듣게 됩니다. 만약에 내가 어떤 사람 돈을 부정적으로 취했는데 그 사람이 그때는 몰랐지만, 시간 지나고 보면 사람은 다 알게 됩니다.

2
정기신혈론 精氣神血論

　사람 안에는 정기신혈精氣神血의 신神이 있어서 자기가 속은 것 같다고 생각하면 나중에 다른 사람에게 절대 소개를 안 하게 되는 겁니다. 그러면서 자신이 궁핍해지고 활동 영역이 좁아지게 되고 가난해집니다. 그게 오행이 무너진 건데 욕심만 따라서 가는 식의 삶을 버려야 합니다.

　〈예제 31〉에서 **辰土**가 목기로 현실이라서 현실을 따라가는 건데 현실에 **金**은 왔으니까 역학도 배우러 와서 먼 미래(金)를 바라보면서, 삶의 도구는 모두 **木**으로 만들어내니까 돈 놓고 돈 먹는 것이나 싸움하는 것을 만들 것이 아니라 사람들이 행복해질 수 있는 프로그램을 만들어서 돌린다면 얼마나 좋겠습니까. 그런 일을 하는 기업에 시스템을 납품한다면 훨씬 오래 가겠죠.

[子月에 태어난 경우 설명 中]

이 사주는 록도 너무 강합니다. 옛날에 저도 록이 강했고, 록을 강하게 표출할 때는 돈이 없었습니다. 제 사주는 **甲寅年 丑月**에 **庚申**입니다. 겨울 태생이라 대운이 寅·卯·辰 올 때는 목기가 강해지고 봄철의 木이니까 아주 강하게 됩니다.

폭력은 木에서 나온다고 그랬죠. 상대방을 압박하고 말로 이겨 먹고 자잘하게 행동하는 게 목기에서 나오는 것인데 木이 잘못 쓰였을 때 그렇게 됩니다. 근데 火 대운으로 넘어가면서 木이 사그라지게 되고 록이라는 요소도 木 대운 때는 강하지 않았지만, 巳 대운 되면서 록이라는 것이 유연해졌습니다. 융통성이 많이 생기고 유연해지니까 그때부터 조금씩 수입이 늘었습니다. 뻣뻣하면 돈이 안 벌리는 것이 이치입니다. 사주에서 한쪽으로 기운이 몰려버리면 사람의 생각이 한쪽으로 쏠리게 되어 있습니다.

좋은 이야기를 해도 안 듣고 자기 뜻대로만 하게 되면 자기 자신의 발목을 잡게 되고 외롭게 되는 겁니다. 좋은 프로그램을 만들어도 주변에 사람이 없으니까 팔 곳이 없고, 소개할 인맥도 없는 겁니다. 결국, 사람이 일하는 것인데 함께 일할 사람이 없으면 애로가 많습니다. 예를 들면 내가 천하를 도모하려고 하는데 칼부터 만들어야겠습니까? 함께 할 사람부터 구해야 하겠습니까?

오행적으로 나에게 필요한 사람들이 갖추어져야 하겠죠. 사람의 마음을 얻을 생각은 안 하고 삼국지의 장비가 무술능력만 뽐내는 것과 같은 겁니다. 아무리 잘나도 한쪽 측면으로만 치우쳐 있으면 아무 소용이 없다는 거죠.

내가 봤을 때는 좋은 프로그램이지만 사회 전체적으로 봤을 때는 프로그램이 필요한 사람보다는 그렇지 않은 사람이 더 많을 수 있다는 거죠. 객관적으로 공정하게 여러 사람한테 평가를 받아봤냐 말입니다. 많은 사람이 찬성하고, 누구나 다 괜찮다는 느낌이 들어야 시장에 조금 먹히는데 절반은 괜찮을 수 있겠다. 절반은 '글쎄'라고 하면 안 됩니다.

[丑月 亥時에 태어난 사주 설명 中]

우선 사람의 마음부터 얻어야 합니다. 사업을 하고 일을 할 때 누가 미워하고 있으면 잘 안 되는데 자기 기운이 너무 세면 사람들이 다 도망가 버리기 때문입니다.

<예제 33> 辰月에 태어나 申 대운을 만난 경우

戊	甲	壬	丙
辰	寅	辰	辰

乾

42　　32
丁　　丙
酉　　申

위 예제에서는 丁酉 대운 들어가야 원국에서 짝도 지어지는데 申에서는 아직 양기가 남아 있습니다. 음기로 들어가야 내 재주를 드디어 알아줍니다. 金이 왔다는 것은 고개가 꺾인다는 것이고 록이 세고 강한 사주는 자기 뜻이 꺾여야 합니다. 자기 뜻대로 하는 것만이 잘 되라는 법이 없죠? 이분은 사주가 강하니까 남의 이야기를 많이 들어줘야 하고 유연하게 굴어야 합니다.

金 대운이라 돈 벌고 사회적인 것으로 辰을 쓰지 바람피우는 데는 쓰지 않습니다. 水 운이라면 여기저기 씨를 뿌리고 다니겠죠. 사주에 水가 부족한데 애를 낳을 만한 에너지가 화기로 가 있죠.

정기신혈精氣神血이라는 게 있습니다. 정精은 정력이라고 하는데 정력이나 정신 에너지(神)는 서로 연결된 하나의 구조로 정기신혈은 나 자체입니다. 내 몸이 있으면 머리가 신이고 정 에너지가 신이 되고 신이 정 에너지가 되는 것입니다.

오행으로 봤을 때 木, 火로 기와 신을 많이 쓰면 정은 허결해지고 정력이 약해지는 겁니다. 정자는 나오더라도 생명을 잉태할 수 있을 만한 에너지가 약해서 애가 잘 안 생깁니다.

火라는 생각이 金, 水로 사그라져야 하고, 火의 기운을 많이 쓰니까 지금은 돈 벌 생각을 많이 하게 됩니다.

학생 결혼해서 아이를 낳을 수 있습니까?

덕연선생 水 세운이 올 때 애 낳을 시기인데 많이는 못 낳겠죠. 그전에

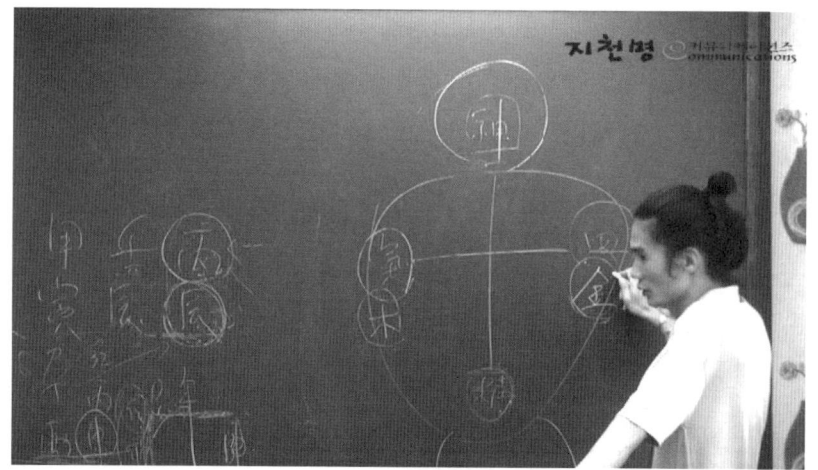

[정기신혈의 관계 설명 中]

결혼해서 **子時**에 노력하면 됩니다.

이게 건강론에서 할 이야기인데요. 기는 혈에 뿌리를 두고 있고 혈은 기에 뿌리를 두고 있고 신은 정에 뿌리를 두고 있고 정은 신에 뿌리를 두고 있죠. 기를 만드는데 기는 혈에 뿌리를 두고 있거든요.

기에 이상이 생기면 혈에 문제가 생기고 혈에 이상이 있으면 기에 문제가 생깁니다. 혈은 **金**이라서 **金**이 많아지면 너무 세지니까 기가 약해지죠. **木**의 작용이 너무 세면 **金**의 작용이 너무 약해지니까 본인 혈에 병이 난 겁니다.

혈액과 관련된 병이죠. 혈은 피와 관련된 병이 생기는 것인데 혈은 우리 몸을 순환시키는 작용을 합니다. **金**이 그런 작용을 하는 건데 약한 **金**에 병이 생기는 겁니다. 폐에 문제가 있어서 병이 생긴 게 아니고 **木**기를 너무 많이 써서 병이 생긴 겁니다.

문제는 木, 火가 강해서 생긴 병이니까 木이 약해져야겠죠. 酉 대운쯤 가야 병이 다스려질 겁니다. 酉가 水를 살려서 병을 다스려야 하는데 金은 水를 통해서 가기 때문에 水 없이는 안 되는 겁니다.

水는 휴식입니다. 火에 대한 생각을 내려놓고 쉬어야 하고 水는 짠맛이니 소금으로 보충하니까 火가 좀 다스려지는 겁니다. 공부하는 것은 좋은데 바로 써먹으려고 마음만 급하니 이 사주는 음양의 조화를 이루지 못해 공부에도 장애가 많습니다.

음양을 조절하는 것이 土인데 土가 무너지면 어떻게 되겠습니까? 木이 오면 木으로 쏠리고 火가 오면 火로 쏠리죠. 음이 강하면 뭉치는데 처음에는 저혈압이었다가 나중엔 고혈압이 돼서 머리가 터지려고 합니다. 그 이유는 혈압이 낮아지면 살려고 하니 혈관이 쪼그라들기 때문에 나중에는 고혈압으로 바뀌는 겁니다.

피를 위로 끌어올려야 하는데 혈압이 낮으니 혈관이 좁아진 겁니다. 혈관이 계속 좁아지니 나중엔 뇌압이 차는 거죠. 저혈압이 시간이 지나면 고혈압으로 변해서 푹 쓰러져 죽는 겁니다.

건강론은 여러분들이 생각하시는 재물론 보다는 좀 더 복잡합니다. 사주 구조에 따라서 똑같이 丑月에 태어나도 어떤 사람은 火 대운에 건강하고 어떤 사람은 건강이 안 좋습니다. 그런 내용은 건강론에서 자세히 알려드리겠습니다.

재물론 보는 논리의 연장으로 보시면 되는데 추운 사람은 더운 운이 오면 좋다는 게 아니고 결국은 소통의 문제입니다. 한의학의 기초를 공부하지 않으면 절대로 깨우칠 수 없는 내용입니다.

3
학생 질의 응답

다른 예제를 살펴보겠습니다. 서울대 졸업하고 MIT 석사를 졸업한 사람입니다.

<예제 34> 申月 午時生이 亥 대운인 경우

庚	己	戊	丁
午	亥	申	巳	坤

29
辛
亥

사주를 보니 木이 없고, 인성이 금화교역 되어있고, 관성이 亥 중 甲木으로 들어가 있어서, 학교는 좋은 곳을 나왔는데 관은 그만큼 좋은 것은 아니겠죠. 공부할 때는 巳申으로 금화교역이니까 돈이 되고 가치가 있는 것을 하려고 할 거 아닙니까.

사주가 조열해 亥水가 좋으니 남편은 착한 사람 만나네요. 38세인데 29세 辛亥 대운으로 딱 木만 부족하죠. 양기가 많으니 木이 많으면 좋지도 않습니다. 대운 천간의 모습을 보면 辛亥의 辛金 식상을 쓰고 있으니 학문적으로 연구해서 결과를 얻으려고 하고 丁과 辛이 금화교역을 합니다.

인성(丁火)의 금화교역이 이루어지니까 박사학위나 자격증 같은 것이 좋은 겁니다. 실제로 직업을 가져도 식상으로 연구해서 사회적으로 큰일에 관여해서 하게 되는데 재, 관(亥水)속에 쌓여서 하니까 자기 일이라고 볼 수는 없고 운이 나쁘지 않은 상태라고 봐야죠.

학교는 좋은 학교를 나왔지만 인생은 안 풀리는 사주도 있는데 이 사주는 무난하게 갑니다. 水 대운이니까 자기가 엄청나게 출세하려고 노력하는 게 아니고 주어진 환경 속에서 열심히 사는 정도의 운입니다.

亥 중 甲木으로 시어머니에 싸여있는 남편이고 시어머니가 좋은 분인데다, 申金이 옆에서 金生水 해서 재산도 있으시고, 잘하면 애도 봐주실 수도 있는 분입니다.

학생 아이가 없는 데 시험관아기를 실패했다고 합니다. 乙未年에는 생길 것 같다고 했는데 어떻게 될까요?

[申月에 태어나 亥 대운인 경우 설명 中]

덕연선생 이 사주는 그렇지 않습니다. 임신은 되는데 1~2주 있다가 떨어지는 경우가 발생할 소지가 많습니다. 水가 있어서 입태入胎는 되는데 목기가 약하죠. 申月이고 목기가 약합니다. 화기의 양기가 벌어져 있는데 水 대운이라 잘 조절되어있죠. 金도 있고 水가 있으니 火, 金, 水는 문제없습니다.

잉태해서 2~3주 안을 水의 구간으로 보는 겁니다. 木은 임신해서 3개월까지이고 火는 거의 만삭, 金은 아이를 출산할 때입니다. 그래서 金이 없으면 조산하고 火가 없으면 열 달은 채우되 미숙아로 나옵니다. 이유는 화기를 못 받았으니 애가 작습니다. 木이 약하면 유산할 가능성이 높습니다.

입태는 되어도 木이 살아나야 문제가 안 생깁니다. 그런데 未年에 목기가 살아날까 싶어요. 물론 乙木이 양養은 하는데 약하죠. 亥水가 亥亥 형으로 형 걸리고 亥水가 甲木을 生 하는 것이 제한되어 버렸습니다. 子 대

[임신과 출산의 木, 火, 金, 水 단계 설명 中]

운 넘어가서 목기가 와야 하는데 최소한 亥年 정도는 되어야 합니다. 그래서 임신이 지금 당장은 힘들다고 봅니다.

亥가 작용하는 것이 申年부터인데 亥가 살아나는 것이지 木이 살아나는 것이 아닙니다. 최소한 戌年 정도는 가야 亥水의 甲木이 양養하고 암합暗合해서 水生木 하니 亥의 작용이 살아나야 임신을 해도 태아를 키워나갈 수 있는 상태가 됩니다.

이 사주는 火극剋金을 쓰는 사주죠. 남편의 관도 금화 교역되어 있으니까 좋은 곳에 다닌다고 봐야죠. 최소한 삼성이나 SK 정도 다니지 않을까 해요. 亥水가 甲木을 장생하고, 옆에 申金도 亥水를 장생하니까 약한 남편이라고 보면 안 됩니다. 연결이 되어 있잖아요.

일지 재성이 내 집에 들어와 있으니 시어머니랑 가깝게 지낼 수밖에 없을 거 같고, 시어머니가 아들을 계속 챙기시는 모습이겠죠. 시어머니가 좋은 분이기 때문에 이 사람 입장에서 싫지는 않을 거 같습니다.

시어머니라는 존재가 며느리 입장에서 부담스러우니까 백 프로 좋지는 않겠지만, 여느 시어머니 스트레스하고는 비교가 안 되겠죠. 재 대운이니 시어머니가 집안의 대표주자라고 봐야죠.

이 사주는 그래도 보기 쉽잖아요. 火가 火剋金해서 金生水로 조절이 잘 되는 양상이고, 木이 절대적으로 필요한 상황은 아니니 木이 없는 것이 큰 문제가 되지는 않습니다. 木이 커지면 火가 커지니 이 사람한테는 木이 약한 게 좋죠. 벌리는 것을 절제하는 것입니다.

時는 해외라고 봐야 하고, 年은 국내라고 봐야 하는데 대운에서 子 대운에 子午 沖되면 지금 하는 일을 지속해서 한다고 보기는 어렵고, 子, 亥로 역마성이니까 자기가 직접 관여하는 모습은 아닙니다. 金, 水가 약한 상황이면 흩어지는 것이고요.

午未合이더라도 金, 水가 튼튼하면 연결이 되어서 돌아갑니다. 申金이 있으면 未가 왔을 때 안 흩어지죠. 丁巳는 연구하는 사업이며 인성 쓰는 사업, 투자받아서 하는 사업. 그리고 申과 연결이 되어있으니까 자기 기술하고 관계되어있다는 뜻입니다.

그런데 관이 약하니까 지금은 관을 안 쓰는 운이고, 子 대운이 되면 일지 관을 쓰고 관의 모습이 제대로 된 모습이 아니잖아요. 집이 자신의 관이니까 아마 연구소 내에서 집 얻어 놓고 살 수도 있습니다. 남편도 일지에 들었으니 남편과 같이할 수도 있습니다.

[申月生 己土의 남편에 관해 설명 中]

이 사주는 원래는 木이 기신이지만 亥水에 들었을 때는 기신이 아닙니다. 용신(水)속에 들어있으니 재생관 하는 겁니다.

가을(申)에 남편의 식상(火)이 나한테는 인성인데 申月이라 덥긴 하지만 남편의 활동력이 넓고 주장도 좀 센 편입니다. 이런 면이 부인한테 부담이 좀 되긴 하지만 金 결과물이 있잖아요. 이 남자가 金이 있으니 결과가 있고 남자가 능력이 없거나 헛된 소리한다고 느끼지는 않을 겁니다.

부인은 남편하고도 사이가 좋죠. 이 사주에서 金이 무너질 때 부부 사이가 안 좋게 됩니다. 寅卯辰 대운 가서 金이 무너지니 조금 안 좋아지지만 심하게 나쁘지는 않습니다.

五行에서 갖출 것을 다 갖추었기 때문에 金이 일방적으로 망가지는 게 아니라 水, 木, 火, 金으로 소통합니다. 더우니까 木이 기신인데 남편이 기신화忌神化 되어있더라도 용신 속에 들어와 있으면 남편을 싫어하거나 필요 없는 존재로 느끼지는 않습니다. 申月의 자시생이라면 木이 기신이 되어서 金, 水를 좋아합니다. 아직 결실이 다 안 됐다고 생각하기 때문입니다.

반대로 추운 날 태어난 남자를 예로 들어봅시다.

<예제35> 寅月 申時生이 金을 여자로 볼 때

庚	丁	
申		寅	乾

학생 만약에 寅月에 丁火 일간이 庚申을 재성 여자로 보면 어때요?

덕연선생 여자가 기신이죠. 추우니까 金을 탐탁지 않게 봐요. 묘하게 섞인 것처럼 되어있는데 남자 생각이 여자가 순수하고 깨끗하길 바라면서도 꼭 추구하는 건 아닙니다. 사람이 직접 느끼는 것은 음양을 민감하게 느끼니 사주에 필요한 것인가 아닌가는 조후로 먼저 느끼고 金은 계절적으로 필요한 겁니다.

조후로는 金을 별로 좋아하지 않는데 寅月에는 金이 귀하잖아요. 밑에서 작용해서 뒷받침을 해줘야 하니까 필요한 존재로는 느끼죠. 아주 살갑게 그 사람 없으면 큰일 나고 그러지는 않습니다.

寅月에는 木, 火를 좋아하는데, 火 대운이 오면 자기가 좋다고 괜찮다고 느끼게 됩니다. 자기가 괜찮다고 느끼니까 마음의 여유가 생기고 너그러워지게 되는 겁니다. 현실적으로 돈이 있든 없든 간에 용신 운이 오면 모든 걸 긍정적으로 생각하려 합니다. 丁火이니 록을 쓰면서 좋아하는 겁니다. 육친은 대상을 말하는 것이니 그렇게 해석해야 합니다.

<예제 36> 未와 申이 소통하는 경우

	庚	丁		
	申	未	寅	

乾

辛庚己戊丁
酉申未午巳

만약에 丁未 일간으로 申과 소통을 해버리면 잘 지내게 됩니다. 申이 기신일지라도 잘 지냅니다.

소통이 안 되는 경우를 살펴봅시다.

<예제 37> 卯와 申이 소통이 안 되는 경우

	庚	丁		
	申	卯	寅	

乾

[寅月 申時生에 대한 설명 中]

卯와 申이 소통을 안 하고 극만 하고 있으면 소통이 안 되죠. 부부가 다툼이 많을 우려가 크고 서로의 마음이 얽혀있습니다. 왜냐하면 반은 뜻이 맞고 반은 뜻이 맞지 않기 때문입니다. 원진이니까요.

다른 예제를 살펴보겠습니다.

〈예제38〉은 천간에 土가 많고, 상관으로 되어있으니 그냥 말로는 좋은 말을 많이 합니다. 천간에 식상으로 되어있으면 남자가 연애할 때 말로는 다 해줄 것처럼 합니다. 그런데 결혼해서 여자를 집안에 데려다 놓게 되면 水生木 하라고 하는데 부인(金)도 지지에서 水生木 을 잘 안 하는 상황입니다. 남편이 부인힌테 水生木 하라고 강요하는 겁니다.

제4장 심리를 바라보자 | 143

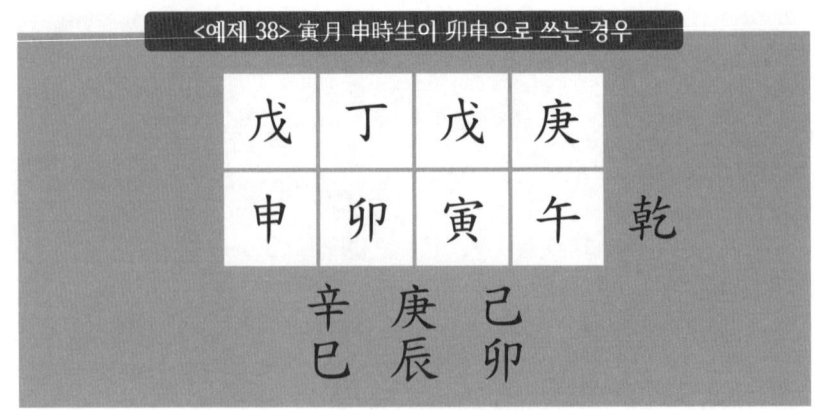

<예제 38> 寅月 申時生이 卯申으로 쓰는 경우

卯木이니까 인성을 卯申 원진으로 끌어당길 거 아닙니까. "당신은 나한테 이렇게 해줘야 하고 저렇게 해줘야 한다."라는 식입니다.

이 사주는 되게 이기적인 사람입니다. 여자를 열심히 꼬드기는 이유는 집에 데려다가 자기가 원하는 것 시키기 위함입니다. 남자 입장에서는 스스로 똑똑하다고 생각하겠지만, 장모 될 입장에서야 들여선 안 되는 사람이죠.

학생 자기한테 당겨서 받는 것이 卯에서 癸水가 장생해서 그렇게 말씀하신 겁니까?

덕연선생 水를 가지고 있는 것이 오로지 申金밖에 없죠. 그런데 기신입니다. 여자가 자기한테 水生木 해줘야 木生火로 자기가 클 수 있다고 생각하는 거죠. 여자를 진짜로 사랑하는 것이 아니고, 자기 뒤치다꺼리하게 시키려고 식상으로 열심히 꼬드기고 있는 겁니다. 그렇게 해석하는 거예요.

[寅月生 丁火가 여자한테 水生木 받으려는 경우 설명 中]

학생 이 사주에서 庚午가 여자가 아니라 戊申이 여자인 것인가요?

덕연선생 庚午도 있고 戊申도 있는데 巳 대운이니 申을 여자로 보면 되겠네요. 庚午 여자는 寅·卯·辰 세운 올 때 사귀려고 했을 것이고, 庚午의 여자 나름의 직장(午)이 있죠? 그런데 午와 卯와의 관계로 봤을 때 남자가 庚午 여자한테서 지원을 못 받을 것 같죠. 戊申은 살림도 잘할 것 같고, 뒤치다꺼리도 잘할 거 같으니 남자가 戊申 여자를 봤을 때 그런 느낌이 있었을 겁니다.

巳 대운에 午도 인연하고 申도 인연하는데 甲午年 이기 때문에 申은 앞으로 올 기운이니 쫓아가는 것이고, 午는 寅·卯·辰 세운 올 때 쫓아다녔던 겁니다. 대운이 巳·午·未로 가니까 남자가 여자를 강제로 끌어다가 결혼하려고 한단 말이죠. 여자가 헤어지려고 하면 남자가 집으로 만날 쫓아오고 집 앞에 서가지고 난리를 칠 겁니다. 이런 남자 조심해야 돼요.

이 남자가 처음에는 여자한테 잘해주니까 홀딱 반해서 사귀다 보면 벗어나기가 힘듭니다. 남자가 센데 여자의 결정권은 土죠. 여자의 결정권을 남자가 결정해버린단 말이에요. 강제로 하려고 한단 말입니다. 싫다고 하면 결혼할 때까지 가두고 난리를 친다니까요. 여자와 남자의 관계가 잘 진행될 때는 괜찮고 여자 쪽에서 싫다고 말하기 시작하면서부터 이 남자가 무섭게 돌변합니다.

남자가 木을 가지고 있고 여자가 水를 가지고 있으니까 水生木으로 당겨오려고 합니다. 寅月에 火니까 자신이 빛나야 하죠. 받으려고 하는 욕심이 많단 말이죠.

학생 받으려고 한다는 것은 여자가 돈 벌어오는 것을 남자가 받고자 하는 마음도 있나요?

덕연선생 여자가 申午로 금화교역도 돼서 남자가 여자한테 바라는 마음도 있고 집에서 살림도 했으면 하죠. 하지만 여자한테 나서지는 말라고 하는데 庚午의 여자는 인정해주지만, 戊申은 인정을 안 하고 남자가 식상으로 戊申을 항상 제어하려고 합니다.

남자가 잘해주는 것이 좋은 것이 아니라니까요. 처음부터 잘하는 남자가 나중에도 좋은 사람이 하나도 없다니까요. 처음에 좀 어리바리하거나 무덤덤하고 까칠한 사람이 나중에 좋은 사람이 많습니다.

丁의 꿈은 금화교역이 되어있어서 꿈과 이상은 크고 사회활동은 나쁘지 않지만, 돈을 벌면 자꾸 더 큰 꿈을 꿔서 탕진해버립니다. 丁卯 일간들이 불같고 마음이 너무 조급해서 이랬다저랬다 하니 戊申 여자 입장에서는 너무 피곤합니다. 火剋金 당하니까요.

이 남자가 戊申 여자와 헤어지고 세월이 지나서 다시 庚午의 여자랑 만나게 된다면 만족을 못하게 됩니다. 왜냐하면 水가 申에 있기 때문이고 戊申을 자꾸 그리워합니다. 기신이라도 水가 필요한 겁니다. 이상적으로 필요한 것이 있고, 현실적으로 필요한 것이 있잖아요.

식상은 남자의 구애 행위인데 寅月에 戊가 맞습니까? 戊寅은 지나침이 많다고 했죠. 자신의 식상이 戊土니까 다 해줄 것처럼 얘기하죠. 여자 입장에서 만족스러울 만한 일이 아니라는 거죠. 결국은 기운이 丁火로 몰리잖아요. 자신의 행복만을 위해 사는 사람입니다.

자식도 별로고 부인도 별로인데 부인과 자식은 자기 삶의 만족을 위해 필요한 존재이고 자신이 필요할 때 즐기고 자신을 지원해 줄 수 있는 그 정도의 존재라고 생각합니다. 기운이 어디로 몰렸냐는 말입니다. 부인하고 자식한테는 인색하면서 운에서 비겁이 오면 친구와 형제가 제일이라 생각하고 그들에게 다 퍼줍니다.

火 세운 지나가면서 水가 필요하게 됩니다. 자신의 파티가 끝나고 난 다음에 水가 필요하듯이 불꽃 튀게 살 사람이지만 火 대운에 사회적으로 왕성한 활동을 하면서도 반면에 사람을 꺼리는 심리적 현상이 벌어지게 되거든요. 사람들이 내 개인적인 공간까지 찾아오면 피곤하잖아요? 火 대운 들어와서 활동할 때는 많은 사람과 상대하지만 반대로 많은 사람과 상대하는 것이 피곤하니까 그 시간이 끝나면 누구도 자신을 건드리는 것을 싫어합니다. 그때 찾는 것이 水입니다. 水가 어디에 있는가를 봐야 합니다.

이 남자는 관성이 없죠? 어른들한테 잘하지도 않겠고 직장생활도 안 할 겁니다. 장모님 입장에서도 사위한테 대접받을 일이 없고 딸내미 고생시키면서도 자기 자신 밖에 모르는 사람입니다. 남자가 집에선 강하고 이기적이지만 밖에 나가면 친구나 형제한테는 극진하게 잘합니다.

학생 장모가 식상(戊寅)이면 장모가 현실적이고 지나친 것인가요?

덕연선생 장모도 센 사람이라고 봐야죠.

남자가 여자를 생각하는 것이 사랑이라고 착각하는 겁니다. 단지 그 여자를 얻고 싶어서 사랑한다고 하는 거예요. 甲午年이니 당장 헤어지기는 힘들 겁니다. 未年에 申 여자를 놓겠습니까? 안 놓겠죠. 戌 쯤 가야 午火로 합이 되어 그쯤 가야 열정이 좀 식게 됩니다. 그래서 이 사주는 가을에 헤어지게 되어있습니다.

남녀가 만나고 헤어지는 이치도 오행의 이치로 보셔야 합니다. 火 운에서는 쫓아가고 金 운에서 별로 마음이 없어지는 형태로 가게 되거든요. 水가 부족해서 戌年까지 간다고 보기는 어렵고 단기적으로는 未年까지 가면 안 되고 甲午年 가을에 한번 정을 떼면 헤어질 수는 있는데, 냉정하게 끊으면 헤어질 것 같습니다. 水가 부족해서 끈질기지는 못하기 때문입니다.

Part
05

이후로
운運을 보고

1
운에 의한 심리작용

운에 의한 심리작용에 관해 설명해 드리면 이제까지 배웠던 것의 연속입니다. 심리적인 특성은 절대적인 운의 특성과는 다르게 나타나게 됩니다. 돈이 잘 벌린다하여 심리적으로도 좋다고 볼 수는 없습니다. 돈을 못 번다고 해서 '심리적으로 괴롭다' 고 무조건 얘기할 수 없는 겁니다. 우리가 이제까지 배웠던 재물 운이 좋다 나쁘다는 심리적인 측면하고 다르게 적용될 수 있습니다.

오행적으로 소통이 안 되었다고 하더라도 심리적으로 괜찮다고 생각할 수 있거든요. 원래 태어난 사주 원국과 기질이 있습니다. 일반적으로 조급하게 태어난 사람들에 대해 말씀드리면, 조급하다는 것이 무엇입니까? 겨울에 밤 시간에 태어나고 사주에 金, 水밖에 없는 형태일 때입니다.

<예제 39> 사주가 金, 水로 치우친 경우

亥	酉	亥	子

金, 水로 많이 치우쳤죠? 사회적인 모습으로 볼 때는 현실적이라고 볼 수 있습니다.

이 사람이 삶을 살아가는 도구 자체가 유명한 것(火)이 아니고 자기가 좋아하는 방식으로 살아가고 자기 멋대로 하면서 남한테 잘 맞추지 못하고, 눈치 없고, 느리고, 둔하고, 굼뜨게 됩니다. 만약에 이 사주에 火가 있다면 다릅니다.

<예제 40> 亥月에 태어나 火가 있는 경우

酉	午	亥	子

겨울에 태어났는데 午火를 가지고 있다면 사람의 기본적인 기질이 조급하지 않습니다. 그러나 아래 예제처럼 겨울에 태어났다고 해도 한낮에 태

어났다면 좀 다르게 봐야 합니다.

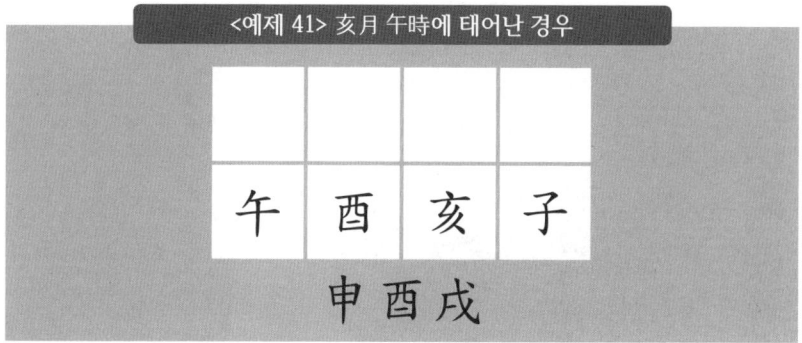

절대적이지는 않지만, 기본적으로 타고난 성품으로 보면 낮에 태어난 사람이 훨씬 편안한 형태라고 봐야 합니다. 사람이 겨울에 **亥水**를 쓸 때와 겨울의 **午火**를 쓸 때와는 심리상태가 굉장히 차이가 크게 납니다.

〈예제 41〉의 사람은 일반적으로 기본 성품이 느긋하고 느리지만, 대운이 만약에 申·酉·戌로 걸어갈 때 자기 스스로 만족하면서 살지 않습니다. 자기가 괜찮다고 생각하지 않고 자기를 객관적으로 판단하지도 못합니다. 나중에 이런 분과 상담해보시면 아시겠지만 자기 상황에 빠져서 다른 것은 못 보고 삽니다.

우물 속에 퐁당 빠져서 허우적거리는데 밖에서 보면 사람이 빠진 걸 아는데 빠져있는 당사자는 자신이 우물에 빠져 있는 줄 모르고 그게 세상인 줄 알고 삽니다. 우리의 삶이 이런 경우가 많은데 상담을 하다 보면 자기가 그 세계에서 벗어나 있으면 객관적인 시각으로 굉장히 많이 볼 수 있습니다.

[亥月에 태어난 사람이 火 대운을 만난 경우 설명 中]

겨울에 태어난 사람이 만약에 火 대운을 만났다고 하면 이유를 막론하고 자기 반대 글자를 만났으니 심리적인 상태가 여유로워지고 느긋해집니다. 여기서 물론 경중輕重이 있겠죠.

지지	時	日	月	年
①	亥	酉	亥	子
②	酉	午	亥	子
③	午	酉	亥	子

공통대운 巳·午·未

③은 원래 표준이었고 ①은 치우쳤습니다. 원래 표준이었던 사람이 巳·午·未를 만나면 어떻게 되죠? 너무 느긋해져서 오히려 현실적인 측면에서 좀 현실성이 떨어지는 감이 있습니다.

①은 원래 조급하게 태어나서 평소에 놀지를 못하고 가만있질 못합니다. 원래 그런 기질이라서 열심히 사는 것은 맞는데, 이렇게 巳·午·未 운을 만나면 어떻게 되죠?

옛날에는 쫓기듯 쫓아가듯 살아가는 마음이 누그러지면서 현실은 계속 염두에 두고 마음은 좀 누그러진 형태입니다.

오히려 ①의 측면으로 되어있는 사람이 현실적인 것도 갖추어지면서 마음에 여유가 좀 생기게 되겠죠? 무조건 음양만 갖추었다고 좋은 것이 아니고 음양을 갖추면 좋은 점이 있지만 반대로 사람이 너무 여유롭고 느긋하면 현실적으로 감각이 떨어지게 된다고 볼 수 있습니다.

심리적인 상태를 볼 때, 봄에 태어난 사람이 여름의 운인 火 대운을 갈 때와 金 대운을 갈 때와 水 대운을 갈 때의 모습이 다를 것이고 마음 상태도 다를 것입니다.

여름에 태어난 사람이 木 운을 걸어갈 때와 金 운을 걸어갈 때와 水 운을 걸어갈 때가 다를 것이고요. 여름에 태어나서 火 대운 걸어갈 때는 말할 것도 없고요. 사주가 완전히 균형이 갖추어져 있는 사주가 아니고서는 대부분이 다 치우쳐져 있습니다. 가을 생이 木 운이나 火 운이나 水 운 걸어갈 때, 겨울 생이 木, 火, 金 운 걸어갈 때 느낌이 다 다릅니다.

木 운은 기본적으로 무엇을 못해서 안달이 난 상태이고 바쁜 사람입니다. 木이라는 특징 자체가 무언가를 성취해야 하는 상황에 놓인 사람인데

기본 값이 木 운을 걸어가는 사람이 火 운을 만나면 굉장히 열심히 살겠죠. 가까운 미래가 현실이 된 거잖아요. 그러니까 어떻게 생각해요? 자기 자신을 굉장히 괜찮다고 생각합니다. 木에 가까운 미래는 火이고 보이지 않는 미래는 金이고 과거는 水잖아요.

입시생이 어떤 대학을 가는 것은 가까운 미래이고, 무슨 대학을 나오면 대충 인생이 어떻게 풀린다는 것을 알 수 있겠죠. 가까운 미래는 삼성에 취직하는 것이라고 할 때 삼성에 취직하는 것까지가 이 사람이 보이는 것입니다. 삼성 취직해서 자기가 어떻게 될 줄 알겠습니까? 그런 것까지 생각해서 취직하는 사람이 있습니까? 거의 생각하지 못합니다. 木의 입장에서 火는 1 단계적 성공과 성취이기 때문에 자기 스스로 굉장히 성취했다는 생각과 마음이 크고 세속적이기 때문에 세속적으로 열심히 활동합니다.

木의 입장에서 金 운을 걸어간다는 것은 火의 욕망을 버린 것이고, 반대편이기 때문에 木이라는 성질이 부실하고 허결해지고 좀 더 견실하고 단단하게 바뀌면서 좋은 것이 좋은 것이라고 생각하게 됩니다.

무조건 6번째 대운이면 계절이 바뀌기 때문에 사람이 나이 먹으면 달라집니다. 젊었을 때는 뒤편을 못 보잖아요? 나이가 들면서 알게 되는 거죠. 전후좌우 사방을 보면서 태도나 생각이 바뀌게 됩니다.

봄 태생이 金 대운 만나면 좋은 게 좋은 것이라고 생각합니다. 그리고 심리적인 측면에서 볼 때, 金의 기본적 심리가 없어도 다 갖춘 사람처럼 생각하게 됩니다. 봄 태생이 水 대운을 간다고 하면 봄이라는 계절은 앞으로 정진하고 성취해나가야 하는데 水에서 자꾸 머물러 있게 됩니다. 水 대운을 걸어가면서 되게 조심하고 안정되게 살아가면서도 자기 자신을 답답하다고 생각합니다. 뭔가 여기서 이뤄야 하는 방향이 있는데 火와 반대방향을 가니까 자기가 안정 지향적으로 살면서도 불만족스럽다고 생각하게 됩니다. 水 대운에 가서 오행이 다 소통이 된다고 하더라도 살면서 만족하지 못하고 답답해합니다.

2
태어난 계절에 의한 운의 작용

여름에 태어난 사람이 木 운을 걸어가면 어떻습니까? 여름 생이 木 대운으로 가면 지금도 충분히 먹고살 만한데도 자기가 혜택 못 받은 사람처럼 계속 일을 만들어냅니다.

여름 태생이 木 대운을 걸어가면 너무 정신이 없고 욕심을 부리는데도 욕심인지를 모릅니다. 욕심인지 알면서 하면 그나마 좀 나은데 우물 안 개구리처럼 앞뒤 안보고 출세를 향해 질주합니다.

학생 봄 태생이 火 대운을 가는 것이랑 여름 태생이 木 대운 을 만난 것이랑 느낌이 비슷한가요?

태어난 계절	대운	태어난 계절	대운
木(봄)	火	金(가을)	木
	金		火
	水		水
火(여름)	木	水(겨울)	木
	金		火
	水		金

태어난 계절과 대운의 계절

덕연선생 좀 다르죠. 여름 태생한테 木 대운은 배고픈 느낌과 같아서 자기가 우위의 입장에 있으면서도 쌀 아흔아홉 가마니가 있는 사람이 한 가마니 가지고 있는 사람 것을 빼앗아 백 가마니로 만들어서 더 채우려고 하는 욕심이고, 봄 태생은 그런 게 아닙니다.

봄에게 火는 지금은 없는 것이죠. 잘 되기 위해서 앞으로 달려가는 모습, 희망을 향해서 달려가는 모습입니다. 없으니 채우려는 마음과 있어도 더 채우려는 마음, 이 두 가지 경우는 느낌이 완전히 다릅니다.

여름 생이 金 운을 걸어가면 조금 조절이 됩니다. 건실하고 탄탄하게 현실적인 것과 이상적인 것들이 적절히 결합되어 있습니다. 그러니 水가 없어도 고부가가치를 내게 됩니다. 여름에 태어나 젊어서 金 대운 걸어가면 일단 공부를 잘하고 직장에 가도 직장이 괜찮은 곳입니다. 음양의 조절이 되는 것이고 사회에서 처세술이 좋으며 권모술수가 뛰어나게 타고났습니다.

[월령에 따라 다른 계절을 만났을 경우 설명 中]

여름 생이 견실한 것까지 생각하게 되니 대체로 사람이 바르고 딱 떨어지는 느낌입니다. 심하게 과장하지도 않고 안 하지도 않죠. 사회성이 있고 사람은 괜찮은데 친하면서도 가까워지기 어렵고 그렇다고 처세를 못 하는 것도 아닌 그런 느낌입니다. 그러니까 밖에서 돈은 버는 겁니다.

돈을 못 버는 이유는 그 사람의 심리와 행동에 문제가 있는 것이고 사주로 말하면 음양이 치우친 겁니다. 만약 어느 한쪽으로 치우치지 않고 행동을 잘한다면 자기한테 사람이 구름처럼 몰리게 되어 있습니다.

여름 생이 水를 만나면 세상만사가 다 싫어지고 속세를 떠나고 싶은 마음이 듭니다. 산속에서 도 닦고 '나는 자연인이다'에 나오는 사람들처럼 그렇게 사는 사람의 마음과 같습니다. 속세에 대한 아무런 미련이 없어요. 남들이 봤을 때는 水 대운이 답답해 보이는데 봄 태생이 水 대운 만난 것과 여름 생이 水 대운 만난 것이 다릅니다.

봄 태생은 탐욕이 있으면서 답답한 것이고 여름 태생은 탐욕을 놔버리는 것입니다. 여름 생이 水 대운을 걸어갈 때 타인에 대한 생각이나 가족에 대한 생각이 적고 좁은 인간관계만 유지합니다. 자기를 최우선으로 중요하게 생각하고, 신념을 위해서 가족도 버리는 힘, 그런 것들이 여름 생의 水 운이란 겁니다. 물론 모든 사람이 그런 건 아니므로 사주를 전체적으로 살펴야 합니다.

가을 생이 木 운을 걸어가면 뭔가 창조를 하려고 하는데 이 창조는 돈 벌기 위한 창조가 아닙니다. 더 좋은 것을 만들어서 사람들에게 이롭게 하고 행복하게 하며 재미를 위한 것도 될 수 있는 순수한 창조입니다.

가을 생들은 사람들한테 이로운 것을 창조하고자 하는데, 여름 생의 창조는 탐욕적인 목적이라고 할 수 있습니다. 이를테면 너야 어떻게 되든 말든 나는 돈만 벌면 그만이다 입니다. 그러니 아주 어리석고 깨끗하지 못한 욕심이죠. 공부가 된 사람들은 그렇게 할 수가 없는데 그것이 자신한테 다시 돌아오는 것을 알기 때문입니다.

여름 생이 火 대운을 걸어가면 남들이야 어찌 되든 상관없고 이기적으로 살려고 합니다. 아주 세속적이란 말이죠. 결국엔 전체적인 소통이 안 되면 생명력이 오래갈 수 없습니다. 그렇게 이룬 것은 영원히 자기 것이 안 된다는 것을 우리는 알 수 있는 겁니다.

내가 水의 과정, 木의 과정, 火의 과정, 金의 과정을 겪지 않고 얻는 결과물을 크게 기뻐할 일이 아닙니다. 부모한테 유산 받는다고 절대 기뻐할 일이 없는 거예요. 자기가 무슨 노력을 했습니까? 물론 어떤 사람은 유산을 잘 지켜서 좋은 곳에 쓰는 사람이 있지만, 대부분의 사람은 방탕한 생활을 하거나 탕진합니다. 오히려 독毒이라고 할 수 있죠.

어떤 어머니가 오셨는데 딸이 연대 졸업하고 취직도 잘 안 된다고 찾아왔습니다. 딱 봤는데 딸이 철딱서니가 없어요. 서른 살이 넘었으니 엄마는 시집가라고 하고 딸은 안 간다고 하고요. 시집을 가야 하는데 시간이 있을 때 결혼해두는 게 좋지 않겠느냐고 했더니 본인이 '쳇' 하면서 자존심 상한다는 겁니다. 상할 자존심이 어디 있습니까? 연대 나온 것만으로 자존심을 세우는 게 문제인 겁니다.

연대 나와서 좋은 곳에 취직해서 자기 앞가림해야 자기가 자존심이 있는 것입니다. 이 사람은 명문대를 나왔다는 게 큰 독이 되는 겁니다. 그러니 아무 일이나 못하고 시시한 일은 못합니다. 그래서 웬만하면 먹고살기 힘들어도 시시한 일은 안 한단 말입니다. 바닥부터 기지는 못하는 거죠.

저는 시골 촌구석에 있는 고등학교를 나왔기 때문에 자존심 같은 건 없었습니다. 자존심이 없어서 철학 공부하다 보니까 공부가 더 빨리 되었던 경우가 아닐까 싶습니다. 만약 쓸데없는 자존심이 있었으면 아무것도 안 됐을 겁니다. 연대가 문제가 아니라 연대를 나왔다는 프라이드만 있는 사람이 문제입니다.

요즘 애들은 자기가 연대 나오고 고대 나왔으면 명문 학교라는 프라이드에 중소기업도 못 갑니다. 그래놓고 취업이 안 된다고 투덜대죠. 아무거나 해야 하는데 자기 앞가림도 못 하면서 자존심만 내세우는데, 자존심이란 결과를 높이 이룬 사람들이 누군가가 무시할 때 자존심이 상하는 것이지 아무것도 이루지 못하고 과정 속에 있는 사람이 세울 자존심이 어디 있습니까?

[가을 생이 木, 火, 水 대운을 갈 때 설명 中]

어릴 때부터 열심히 일해서 부장, 이사 올라갔을 때 자존심이란 것이 생기는 겁니다. 사회적으로 업적을 이루고 어느 정도 성취를 했을 때 생기는 것이 자존심이죠. 자존심은 내 안에 있는 것이지 밖으로 내세우는 순간 모두 쓸데없는 겁니다.

가을 생이 여름 운을 걸어간다는 것과 여름 생이 가을 운을 걸어간다는 것은 다릅니다. 여름 생이 金 운을 걸어간다는 것은 출세 지향적이고 현실 지향적인 것인데, 가을 생이 여름 운을 걸어가면 출세 지향적인 火가 아닙니다. 그냥 자기가 좋아서 하는 것으로 가을에 火는 이미 결실을 얻은 후의 火이기 때문에 물질적으로 돈을 버는 곳에 쓰이는 것이 아니라 순수한 세상을 펼치기 위한 도구로 쓰이는 겁니다.

심리적으로 결과적인 모습을 보면 돈을 벌고는 있는데 그 욕심이 여름 생의 金하고 가을 생의 火하고는 다르게 나타납니다. 가을 생은 酉月에 태어난 사람에게 火 대운은 아주 순수합니다. '나는 별로 열심히 안 하는데 돈이 잘 벌리네' 라고 생각하는 겁니다.

가을 생이 겨울의 운을 걸어가는 것은 다음과 같습니다. 필요 없는 교류를 끊고 자기가 하던 것을 꾸준히 오랫동안 하려는 안정적인 삶의 욕구가 큽니다. 자기중심적이고 자기가 편안하고 행복한 것을 바랍니다. 그래서 가을 생이 水 대운 걸어가면 대체로 만족합니다. 다 그런 건 아니지만, 가을 생들이 어찌 보면 가장 물질적이지 않습니다.

왜냐하면, 가을은 이미 물질을 가지고 있는 계절에 태어났기 때문에 물질을 목적으로 태어난 존재들이 아닙니다. 가을 생들이 돈에 대한 집착이 제일 적습니다. 돈 싫어하는 사람이 없지만, 돈을 벌어서 어떻게 하겠다고 생각하지 않고 내가 쓸 만큼만 있으면 된다고 생각합니다.

물욕이 많은 사람은 봄 태생들이 크고 여름 생은 물질(金)을 통해서 水의 편안한 세상을 추구하는 것입니다. 태어난 월령별로 좀 다릅니다. 마음하고 현실은 다르므로 태어난 계절과 대운을 결합해서 해석할 때 당신의 마음은 이런 데 현실은 이렇다고 말해줄 수 있습니다.

물욕이 두 가지인데 남의 것 뺏으려고 하는 물욕이 있고 자기 것을 주지 않으려는 물욕이 있습니다. 가을 생의 水 대운이 자기 것을 주지 않으려는 물욕이고, 겨울 생이 金 운을 걸어갈 때도 자기 것을 지키려고 합니다. '네 것은 네가 먹고, 내 것은 내가 먹을 테니까 신경 좀 꺼라' 는 주의입니다. '나야 뭘 먹고 다니든 간섭하지 마라, 너한테 관심 없다' 는 식입니다. 가을 생은 남의 것을 뺏으려는 모습이 적고 자기만의 세계 속에서 살아갑니다. 金은 지향하는 것이 水이니 그냥 내가 좋아하는 것이나 하고 사는 것이 목

[욕심과 대운에 관한 설명 中]

적이고, 그 목적은 대체로 배타적이고 안정적이며 비세속적인 것입니다.

봄 태생 木은 일단 자기가 가진 것이 없으니까 남의 것을 빼앗아야 하기 때문에 아이디어가 아주 좋습니다. 가만히 있으면 누가 돈을 내놓을까요? 자꾸 머리를 짜서 꼬드겨야죠. 나하고 사업 한 번 해볼까? 이러면서 꼬드기는 겁니다. 아이디어를 내서 사업을 기획하고 창조해서 사람들을 끌어들여서 투자하도록 만드는 것이기 때문에 실제로 다 욕심이긴 하지만 우리가 볼 때 물질을 향해 달려드는 모습은 봄 태생입니다.

가을 생은 이미 金에 있으므로 뺏으려고 하지 않습니다. 남들이 봤을 때 욕심이 있는 사람처럼 보이지는 않는데 인색해서 자기가 가진 것을 주려는 마음은 좀 굳어있습니다.

타인한테 피해받기도 싫고 가진 것을 주기도 싫은 거죠. 그런데 가을 생이 火 운으로 가면 돈을 잘 씁니다. 金이라고 할지라도 인색하지 않단 말이죠. 木, 火로 가게 되면 굳었던 마음이 풀어지기 때문에 인색하지 않게 됩니다.

봄, 여름 태생은 겉으로는 인색하지 않은 것처럼 보이지만 실적을 나눌 때가 돼서 돈 나눌 때가 되면 욕심이 보입니다. 처음에 만나면 자기가 밥도 사고 말도 예쁘게 잘해서 좋은 사람처럼 보이지만 실제로 이해타산의 결과물이 나올 때는 욕심이 확연히 보입니다.

겨울 생이 木을 만나는 마음은 물질 지향적이긴 하지만 뭐든지 해보고 싶은 마음입니다. 겨울이라는 환경은 너무 갇혀있어서 답답하므로 뭐라도 하고 싶은 마음입니다. 출세하고 싶고 남들이 나의 숨은 재능을 알아주길 바라는 마음이기 때문에 바쁩니다. 그래서 火로 연결되지 못하면 자꾸 이것저것 마음이 바쁘게 되는데 木에서 멈춰있으면 남들이 자신을 알아주지 않기 때문에 자기를 알아주는 곳을 찾을 때까지 도전과 변화를 지속하게 됩니다.

겨울 생이 火를 만나면 자기가 아주 좋은 사람으로 기억되길 바라는데 좋은 것으로 사람들에게 많은 영향력을 미치고 자선사업가 흉내를 내려고 합니다. 자기가 풍요로운 예수님이나 성자 같은 사람이 되려고 하는 마음입니다.

여름 생이 水로 가려는 것은 속세하고 인연을 끊으려는 것인데 겨울 생이 火 대운이면 속세에 있으면서 정말 순수하게 나와 같은 고통을 겪은 이들에게 내가 얻은 깨달음(水)이나 경험, 축적된 노하우를 알려주면서 그들을 돕거나 구원해주겠다는 마음이 큽니다.

겨울 생이 火 운을 걸어가는 것은 순수하게 쓰지만, 돈이 벌립니다. 火

[겨울 생이 木, 火, 金 대운을 만났을 때 설명 中]

라는 게 돈 버는 시간이고 水는 돈 버는 시간이 아니죠. 여름 생이 水 대운에 자기만 먹고살면 된다고 생각합니다. 그래서 약초 뜯어 먹고 풀 뜯어 먹으며 고요히 살면 된다고 여깁니다.

 겨울 생의 火는 규모가 커집니다. 겨울 생이 金 운을 걸어가게 되면 매우 인색하고 궁색하게 변해서 배고픈 사람처럼 살게 됩니다. 먹고살 것이 있음에도 불구하고 깐깐하고 철저한 잣대를 대서 융통성이 없고 찬바람이 쌩쌩 붑니다. 가을 생(金)이 겨울 운(水)을 걸어갈 때는 자기가 편안하고 좋은 것이고, 겨울 생이 金 운을 걸어갈 때는 불만스러운 겁니다.

 가을 생은 원래 가고자 하는 것이 水였기 때문에 이렇게 좁은 틀 속에서 사는 자기의 모습을 되게 만족해하고 아무 문제없이 살게 됩니다.

 그런데 겨울 생이 金 운을 만나면 매우 불만족스러워합니다. 그래서 뭔가를 더 일으려고 하는데 디는 안 되니까 항상 그런 게 만족스럽지 않다고 생각합니다.

겨울 생이 金 운이면 인생이 충분히 먹고살 수 있으면서 계속 뭔가 기회를 보며 돈을 더 벌려고 합니다. 그러나 가을 생은 水 대운이면 돈을 더 벌려고 기회를 엿보지 않습니다. 심리가 그렇게 다릅니다.

申月은 더우니 水가 좋고 火가 水를 만난 현상과 같습니다. 申月에 태어난 사람이 卯 대운을 만나면 가을 태생이 木 운을 만난 것과 비슷하지만, 여름 생이 木 운을 걸어가는 성질도 서로 섞여 있습니다. 그래서 세속적인 면도 있으면서 여유 있는 면도 섞여 있습니다.

이해를 잘하셔야 하는 부분이 음양은 아날로그이지 디지털이 아니므로 양과 음이 어느 정도 섞여있습니다. 음양은 디지털로 딱 떨어지지 않기 때문에 감각적으로 계량해내야 합니다. 지지에 寅, 卯, 辰, 巳, 午, 未를 설명해 드린 게 음양이 얼마만큼 섞이느냐에 따라 행동하는 게 달라지는 것을 말씀드린 겁니다.

그 내용을 가지고 가감을 해야죠. '辰이 木이에요, 火에요?' 라고 질문하면 辰이면 火하고 木하고 가운데 있는 것이니까 木이면서도 火적인 기질이 많습니다. 그러니까 辰月生들은 유연하고 세속적입니다.

水가 水 대운 걸어가면 인색하고 꽉 막히고 답답합니다. 사람이 꽉 막혀서 남이 배고픈지를 모른다니까요. 같은 공간 안에서 같이 있으면서 자기는 밥을 먹으면서도 상대방이 배고픈 것을 알지 못합니다. 그렇게 생각이 어두워지고 상대가 무슨 생각을 하고 어떤 마음을 먹을지에 대해서 전혀 이해하지 못합니다.

이런 말씀을 드리는 이유는 제가 그랬습니다. 丑月에 태어나서 寅 대운 만나면 춥잖아요. 水氣가 있으니 水에서 水, 木이 좀 섞인 형태입니다. 木이 있다고 할지라도 水에 갇혀있어 木의 역할도 제대로 할 수가 없는 상황입니다. 그러니까 상대방을 헤아리겠습니까? 절대 안 되죠. 팔자에 午가 있으면 다르죠. 그러나 午가 없으면 자기 세계만 있는 겁니다.

그러니 남의 입장을 전혀 헤아리지 못하고 눈치도 없는 겁니다. 어려서 제가 되게 맹했는데 누가 거짓말하면 그대로 다 믿었어요. 되게 잘 속았고, 당하면서도 친구들이 함정 파놓으면 잘 빠지고 그랬습니다.

寅月生이 丑 운을 걸어가면 봄의 기운도 섞여 있지만 水가 水를 만난 것처럼 사람이 답답합니다. 戊, 己 대운 오면 아무 생각이 안 나는데 착한 것하고 맹한 것하고는 좀 다르죠. 남들이 원하는 것을 조율하기 보단 자기 입장만 생각하고 단순해집니다. 옳다고 생각한 것은 남이야 어떻게 생각하든 열심히 하고, 아니라고 생각하는 것은 매우 고집스럽게 버티고 타협의 여지를 두지 않습니다. 水의 기질 자체가 그런 겁니다.

봄, 여름의 水는 남을 생각하는 것이고, 가을, 겨울의 水는 먹고살기 바쁜 겁니다. 내 것 건드리면 너는 큰일 난다는 식이죠. 그래서 저 같은 경우에도 겨울에 태어났는데 辰 대운하고 巳 대운하고 완전히 다르더라고요. 辰 대운에 눈치가 생겼지만 완벽하지는 않았고 巳 대운으로 가니까 水, 火가 만나서 유연해지는 걸 느꼈습니다. 辰 대운부터 건강 같은데 관심이 가더니 앞으로 巳·午·未 대운으로 가잖아요. 삶 지체가 힐링이고 남들한테 도움이 되는 삶을 살고 싶고, 그렇게 살지 못하는 사람들하고는 어울리기가 싫고 교류하기도 싫어지더라고요.

3
사주와 대운의 실전 풀이

여러분들은 명리를 배우시는 목적이 무엇인지 모르겠지만, 교육하다 보면 제가 바라는 삶과 다른 분들이 있습니다. 명리를 살짝 배워서 자기가 혼자 안 것처럼 가장해서 혼자만 알고 남하고 나누지 않으려고 하는데 심지어는 자기가 아는 지식에 대해서 같이 있는 도반들끼리도 나누지 않으려고 해요. 그런 사람 보면 진짜 교육할 맛이 나지 않습니다.

예를 들어 설명해보겠습니다. 이 사람은 사주를 보면 봄에 태어나서 춥습니다.

寅月에 자시에 태어나서 매우 추울 때 태어났는데 대운이 역행하여 노년에 가면 火 대운을 맞이합니다. 이 사람의 삶이 어떻게 되겠습니까?

살아가는 삶 자체가 겨울 찬바람이 부는 사람이 金 대운 걸어가면 되게 배고픈 사람처럼 산다고 했죠? 그런데 운은 戌 대운부터 인생이 풀리잖아요. 水, 木, 火, 金 (亥寅午戌) 이렇게 어우러지면서 申·酉·戌 金 대운 만나면서 인생이 풀렸단 말입니다.

학생 현재 인생이 잘 풀리나요?

덕연선생 열심히 죽기 살기로 사는데 여기는 午火가 있어서 어둠의 직업이 아닙니다. 사주 안에 불(火)이 있으면 불답게 행동해요. 이 분은 운이 되게 좋잖아요. 근데 이 사람의 마음보는 어떻습니까? 아주 배고픈 사람처럼 행동합니다. 지금도 부인한테 '나 직장 그만두면 당신은 어떻게 살래?'

[寅月에 태어나 金 운을 만난 경우 설명 中]

그런답니다. 이 사람 재산이 모르긴 몰라도 몇 십 억은 될 거에요. 삼성 SDS에 다니면서 재산이 적어도 10억은 넘어요. 그러면서도 없는 사람처럼 돈을 더 벌려고 하는 거죠. 직장을 못 그만두고 사회적인 일을 못 끊으면서 계속 현실에 매여져 있습니다.

운 좋은 것하고 그 사람의 심리상태로 인한 마음 상태는 완전히 다른 문제라고 봐야 합니다. 이런 사람이 다른 사람하고 물질이나 마음을 나눌 수 있겠습니까? 못 나눠요. 그 마음에는 여유가 없습니다. 이런 사주는 자기 사는 것은 잘 살지언정 쌀 아흔아홉 석을 가진 사람이 한 석을 가진 사람의 것을 뺏으려고 하는 욕심이 있습니다.

제 사주를 예를 들어 보면요.

<예제 43> 丑月 亥時에 태어난 경우

丁	庚	丁	甲
亥	申	丑	寅	乾

천간은 외적으로 보이는 형이상학적인 요소인데 정관이 있고, 재성이 있습니다. 제가 강의를 하거나 상담을 할 때는 되게 바릅니다. 그런데 집에서까지 바르겠습니까? 집에서는 바르지 않고 식상관을 많이 씁니다. 애교도 많이 부리고 장난도 많이 치면서 프리free한 삶을 삽니다. 천간은 대외적인 모습이고 지지는 내적인 모습으로 나눠서 볼 수 있습니다. 겉은 되게 느긋해 보이는데 실제로 몸은 바쁘고 속으로는 마음이 조급한 형태입니다. 제가 그렇습니다. 하하

다른 예제를 살펴보겠습니다.

[子月 申時生이 未 대운을 만난 경우 설명 中]

사주에 목기가 없고, 절대적인 화기도 없는데 현재 未 대운입니다. 金 대운 올 때 사람이 아주 배고픈 사람처럼 살았을 것이고요. 천간에는 木, 火가 있다 보니까 여유로운데 실제로 행동은 인색하니 겉과 속이 다른 형태입니다.

앞의 〈예제 43〉에서는 예를 들어 寅・卯・辰 대운 오면서는 돈이 없어서 못씁니다. 겨울에 음기가 강하면 원래 인색한 겁니다. 그런데 火 대운을 만나면 인색함이 풀어지게 됩니다. 제가 생각해도 火 대운 와서 제가 되게 많이 풀어졌습니다. 辰 대운 초반 정도까지는 제가 느끼기에도 인색했던 거 같습니다. 寅・卯・辰 대운에는 쓰고 싶어도 쓸 돈이 없기도 했죠. 그런데 〈예제 44〉의 여자 분은 실리적으로 채우는데 인색하게 나가고, 지금도 未 대운인데 생각은 예전하고는 많이 달라졌으나 金, 水 (申子子)를 구조로 계속 쓰게 됩니다.

학생 말하는 걸 들어보면 허풍이 많아요.

덕연선생 말하는 것은 식상 戊戌인데 사주에서 연결이 안 되죠. 戊土가 戊亥로 연결된다든지 戊酉로 연결돼서 식상의 결과물인 재랑 연결이 된다든지, 관하고 연결이 된다든지 卯로 연결이 돼서 인성과 연결이 돼야 자기 말에 일정 부분 약속을 지킬 것입니다. 천간에 있는 甲은 자기가 되게 멋있어지려고 하는 글자로만 되어 있는데 반대로 지지의 子는 색깔 차이가 크게 납니다. 그러니 겉으로 보이는 것과 실제의 행동이 완전히 다를 수밖에 없습니다.

木이 지지에 없게 됨으로써 천간 丙火라든지 火가 와도 木이 없으므로 마음은 좋은 것을 찾고 있지만 실제로 火를 이루어나가는 행동 자체는 부족할 수밖에 없습니다.

지지에 木이 있고 없고 차이에 의해서 겨울 생이 火를 만나는 것이 마음은 다를지라도 실제로 어떻게 사느냐 하는 문제는 木으로 연결이 돼서 실제로 행동하여 사람들에게 희망을 주느냐 하는 겁니다. 겨울의 火는 희망인데 이 분은 천간이 木, 火로 되어 있지만 지지가 부조화하여 결국 허풍이 되는 겁니다.

이 사주가 좀 애매하긴 합니다. 火가 천간에서 金을 본 것도 아니고 지지에 보면 金, 水로 해서 木, 火로 가는 것도 아니고 火 대운이 오면 사주에 火가 들어왔는데 木이 없습니다. 木이 없으면 자기가 가지고 있는 내용이 건너갈 때 火가 힘이 없어집니다. 火가 켜졌다 꺼졌다 하면서 지속적이지 않죠. 그런 요소 또한 사람들이 보기에는 허풍으로 보일 수 있습니다. 이 분 자신은 진심일 수 있는데 약속을 못 지킬 뿐이죠. 木이 없는 네 火를 쓰니까 그런 겁니다.

火를 쓰니까 자꾸 멋있는 이야기를 하거든요. 자기가 남들한테 베풀려는 식으로 말도 하고 火 대운도 들어왔으니까 그렇게 표현합니다. 그러면 木이 있어야 합니다. 말은 木生火 하지만 甲木이 丙火가 짝이 아니므로 앞뒤가 맞는 이야기는 아닙니다. 하지만 이것도 천간에 辛을 봐서 정신적으로 결과를 내던지 실제로 말은 그렇게 했어도 다른 식으로 결과를 내든지 해야 하는데 지지에서는 木을 못 봤으니 음양의 소통이 안 되고 짝이 안 맞은 것입니다. 남들이 볼 때는 말만 하는 것 같죠. 짝을 맞춰야 그 사람이 멋있는 겁니다.

인색한 것의 원인은 水 때문입니다. 그렇다고 가을 생, 겨울 생들은 다 인색한 것이 아니고 여름 생들도 소통이 안 되고 허결해지면 인색해집니다.

예를 들어 辰月에 申時에 태어났을 경우입니다.

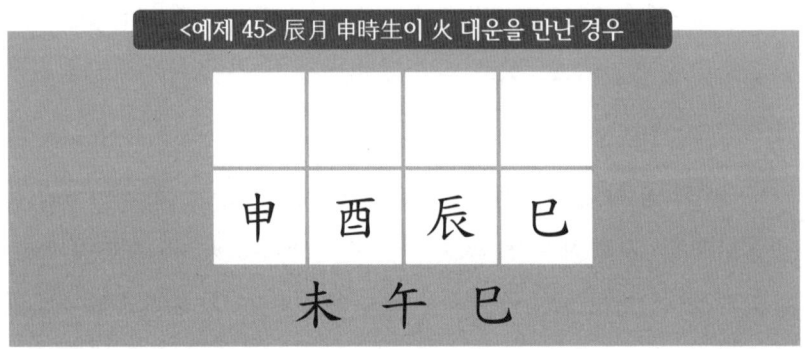

이렇게 巳・午・未 운으로 간다고 하면 돈은 벌게 됩니다. 그러면 이 사람이 후한 사람인가요? 절대 그렇지 않다는 거죠.

[辰月 申時生이 火 대운을 만난 경우 설명 中]

이 사람은 水가 허결한데 문제는 다 火에서 오게 됩니다. 水가 허결해지면 자기가 배고프다고만 생각하는데, 자신의 에너지가 부족하기 때문입니다. 水는 자기의 근본 에너지이기 때문에 누구에게나 水는 용신이든 기신이든 필요한 것입니다. 水가 부족하면 사람이 여유가 없는데 이런 사람들은 木이나 火에 에너지를 많이 쓰기 때문입니다. 모든 오행이 火를 살리는 데 집중되어 있겠죠. 木, 火에 에너지가 다 실려 있다는 것이고, 木, 火에 에너지를 쓰고 나면 기운이 소진되어 더 쓸 에너지가 없습니다. 그러면 金, 水를 볼 때 이 사람은 어떻게 느끼겠습니까?

金, 水들은 자기한테 에너지를 채워줘야 하는 존재라고 느끼게 됩니다. 그래서 金, 水의 사람들에게 뭔가를 베풀어야겠다는 마음의 여유가 없습니다. 생각으로는 베풀어야겠다고 마음먹을지 몰라도 실제로 보면 매우 인색합니다.

비슷한 경우의 예제를 살펴보겠습니다.

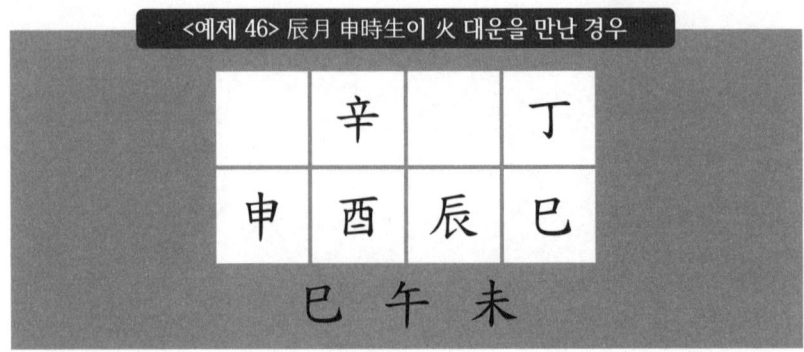

이 사람은 木, 火(丁巳)와 관련된 육친에게는 막 퍼부어줍니다. 그러나 상대적으로 金, 水에게는 되게 인색하게 굽니다. 그러니까 水로 너무 뭉쳐도 인색하지만, 火가 커져도 金, 水 오행에게 되게 인색하게 굴게 됩니다.

그러니까 나는 여름 생이라 인색하지 않을 것이다? 절대 그렇지 않습니다. 물론 인색한 것의 심리는 다릅니다. 겨울 생들은 자기 재산이 줄어드는 것이 아까워서 못 쓰는 것이고, 여름 생인 〈예제 46〉의 경우는 辰, 巳가 있으니까 자기 출세나 성공을 위해서 투자해야 하는 것으로 생각합니다. 하지만 정작 자기 옷을 사서 입거나 가족들에게는 돈을 잘 안 씁니다. 가족들을 바라볼 때 자기 출세나 성공을 위해서 너희들은 좀 참아야 하고 기다려야 한다고 생각합니다. 가족들은 서운해질 수밖에 없겠죠. 이 사람은 가족뿐만 아니고, 자기 일과 관계없는 사람들에게는 다 인색하게 행동합니다.

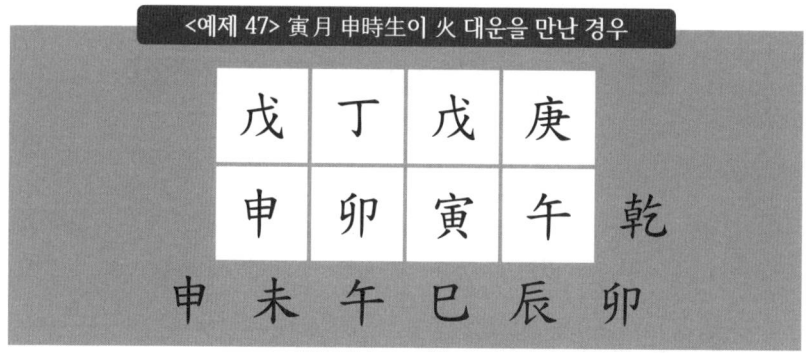

寅月에 태어나 水가 부족합니다. 자기는 출세를 하려고 하는데 水가 허결하니까 절대 여유로운 사람이 아닙니다. 그런데 자기 형제나 동업자, 친구한테는 돈을 잘 씁니다.

봄 태생이 火 운을 만났으니까 출세 지향적으로 달려갈 것 아닙니까? 나방이 불에 달려들 듯이 열심히 살게 됩니다. 열심히 사니까 매우 돈을 잘 쓸 거 같은데 그렇지 않습니다. 이렇게 水가 허결하면 이득이 없다고 생각되는 곳엔 돈을 잘 안 씁니다.

학생 金. 水가 부인과 자식인데 거기에도 안 써요?

덕연선생 그렇죠. 부인과 자식한테도 돈을 잘 안 쓰죠. 그러니 부인과 자식의 입장에서는 싱질이 나죠. 자기 형제긴이니 친구, 밖에 니기서는 모양 좋게 돈 쓰고 다니면서 정작 돈을 써야 할 곳에 안 쓰는 거죠. 오행이 틀어져서 생기는 문제입니다.

다른 예제를 살펴보겠습니다.

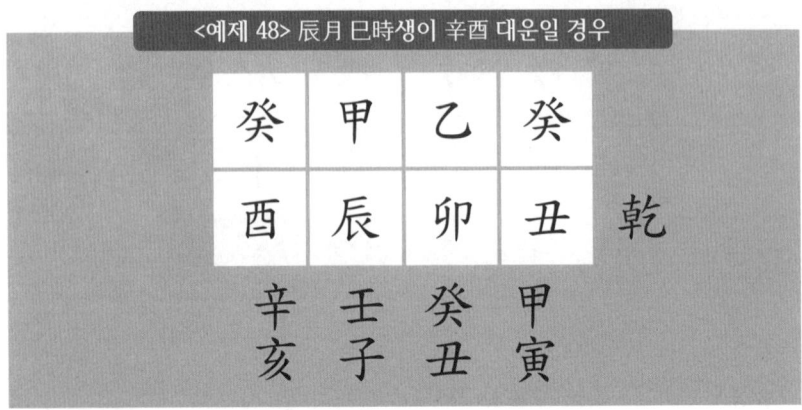

어렸을 때 알던 사람인데 좀 많이 인색합니다. 사주에 火가 없죠? 水生木 하는 것만 있잖아요.

木生火 하려는 기운이 없다 보니까 인색하게 될 수밖에 없는 거죠. 그런데 친구들을 만났을 때 말하고 행동하는 것을 보면 돈을 잘 쓸 것 같아요. 오랜만에 만난 친구한테 "오랜만에 만났으니까 술 한 잔 하러 가자."라고 말해 놓고, 계산할 때 보면 돈을 안 씁니다. 이런 경우는 火가 부족해서 그렇습니다. 水生木은 되니 아주 적은 돈은 쓰죠. 여러 명이 걷어서 돈 내자고 하는 것은 냅니다.

다른 예제를 보겠습니다.

卯月 寅時에 태어난 여성입니다. 이 사주를 보면 火를 못 봤죠? 돈을 쓸 때도 계획적이고, 조금씩 쓰게 됩니다. 봄에 태어나 火를 보지 못하니 인색하고, 뭐 하나 사야 한다면 덜덜덜 떨 수밖에 없습니다.

[卯月에 태어나 인색한 경우 설명 中]

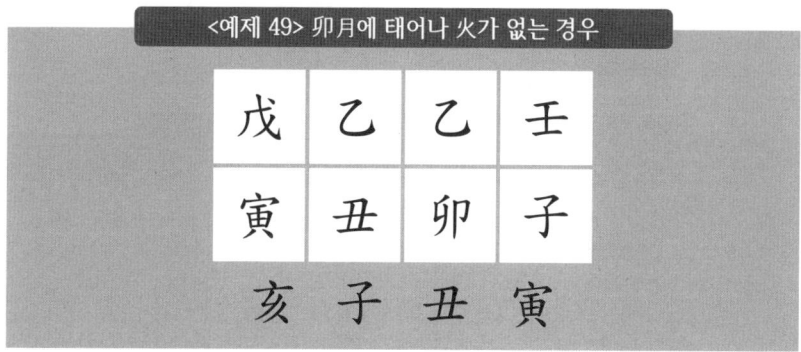

그래도 木이 있으니 돈을 써야 할 곳에 쓰기는 합니다. 이분 어머니도 가끔 그러셨어요. "내 딸이지만 참 인색히다." 라고 말이죠. 친정집에 가면서 절대로 뭘 사 들고 가는 법이 없답니다. 명절 때 왔다가 집으로 돌아갈 때도 부모님께 용돈도 잘 드리지 않고, 돈을 드려도 아주 조금만 드린답니다.

이분 어머님은 워낙 잘 퍼주는 분이다 보니 딸의 행동을 보니까 인색한 줄 아는 거죠. 동생이 천원만 빌려달라고 해도 안 빌려준답니다. 그렇다고 이분이 항상 잘 사는 것은 아니죠?

이 사주는 火 대운을 만나야 잘 사는데, 운이 이렇게 水로 가니까 펼치지를 못합니다. 지금도 水 대운이니 水와 木만 쓰게 됩니다. 어린이집 보육교사인데 어린이집 월급 많이 못 받는데도 그곳을 벗어나질 못합니다. 水 대운의 문제이죠.

봄 태생이 水 대운을 걸어가니 매우 궁색하게 살아가는 것이고 불만족스러운 겁니다. 불만족스러우니 계속 뭔가를 할 수 밖에 없지만 결과 또한 부족하니 자기만족이 없는 겁니다.

다른 예제를 살펴보겠습니다.

<예제 50> 巳月에 태어나 水가 없는 경우

乙	乙	癸	丙
酉	酉	巳	午	坤

亥 子 丑 寅 卯 辰

사주가 말라붙어 있으면 자기도 인색하고, 주변도 인색한 겁니다. 水가 없잖아요. 水가 있어야 관인소통을 받을 텐데 酉金은 줄 생각도 없죠. 乙酉 일주 여자 분들이 보편적으로 자기가 사업하거나 돈 벌어서 먹고사는 분들이 그래서 많습니다. 남편은 있으나 남편의 경제력과는 별도로 생각하고 이 사주는 남편이 부인한테 돈 줄 생각이 별로 없게 됩니다.

　水 대운으로 흐르고 있지만, 木이 없어서 水生木이 안 되고 있습니다. 태어난 때와는 반대 기운을 만나면서 심리적으로는 느긋해졌으나 실질적으로 표현할 만한 목기가 없으니까 생각만 하게 되는 겁니다. 실제로 그렇게 행위를 한다고 볼 수는 없습니다. 이 사람도 사주에서 결국에는 金과 水로 뭉치잖아요. 이 사람의 남자 입장에서도 金, 水로 뭉치게 되는 것이고요. 남자는 벌어서 자기를 위해서 쓸 것이고 여자도 돈 생기면 움켜쥐려고 할 겁니다. 여자는 자기가 남편한테 받는 것이 없다고 말하겠죠. 그러나 여자도 남자에게 준 적이 없다고 볼 수 있습니다.

　다른 분을 보겠습니다.

[卯月에 태어나 인색한 경우 설명 中]

　이젠 알 수 있겠죠? 선소해도 인색하고, 음으로 뭉쳐도 인색합니다.

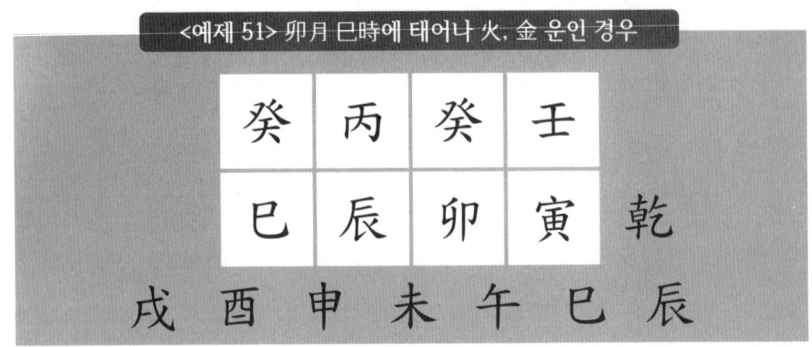

사주에 金이 없으니 金生水를 안 합니다. 부인이 巳火 안에 庚金으로 들어있으니 土生金으로 부인한테는 많이 인색하지는 않은데 金生水가 안 됩니다. 부인은 金生水를 해야 하지만 巳火 속에 들었으니까 안 되는 겁니다. 남자는 부인한테는 잘 한다고 봐야 하고 자식한테는 金生水를 못하니까 기본적인 지원도 아까워하는 것이고 네가 알아서 해라는 식입니다.

사람이 사주가 틀어지게 되면 그렇게 될 수밖에 없어요. 자신이 가진 게 있다고 생각하면 다른 사람한테 쓸 수도 있는데 있어도 부족하다고 생각하면 안 쓰는 겁니다. 金이 없으니까 자신은 심리적으로 계속 허결함을 느끼게 되는 거죠. 자신은 자식한테 받아야 하지 써야 할 처지가 아니라고 느끼게 됩니다. '내가 키워줬으면 됐지, 돈 벌어서 나를 水生木, 木生火해서 지원해줘야지'라고 생각하니 자식을 도와주겠습니까? 자기가 받아야 한다고 생각합니다. 그런데 이런 사람이 집 밖에 나가면 다른 여자들한테는 돈을 잘 써요.

천간에 있는 壬, 癸, 丙 이런 글자들이 욕심입니다. 자기는 아무것도 하지 않으면서 바라는 것이 욕심입니다. 이 사람의 관이 좋겠습니까? 재성이 없는데 직장에 가서 일을 열심히 안 하죠. 그러면 직장에서 별로 안 좋아하고 의무적으로만 (巳火)일을 합니다. 시키는 일만 열심히 하고, 자기가 일을 만들어서 하지는 않습니다. 직장생활도 별로 좋아하지 않고, 일하러 나가는 것을 좋아하지 않아요. 인성이 많이 작용하니까 사업을 한다고 하더라도 다른 사람들한테 투자를 받아서 하려고 하거든요. 투자자를 모은다든지, 사람들한테 의지해서 사업을 하려는 경향이 있습니다.

이 분이 밖에 나가서 사업하거나 활동하는 모습은 그럴싸하죠? 밖에서 사람들을 만났을 때는 밥도 잘사는데 정작 자기 자식한테는 인색합니다. 누군가한테 잘한다는 것은 그 사람에게 원하는 게 많거나 잘 보이기 위한 것입니다. 예를 들면 어른이 남의 집 아이들한테 돈을 준다는 것은 그 아이 부모를 보고 주는 것도 있습니다.

제 친구 중에서도 그런 친구를 만난 적이 있습니다.

<예제 52> 巳月에 태어나 인색한 경우

辛	壬	己	甲	
酉	戌	巳	寅	乾

癸	壬	辛	庚
酉	申	未	午

[巳月에 태어나 인색한 경우 설명 中]

2009년도 대전에 있을 때 있었던 일인데요. 어느 날 인터넷 카페에 들어가 보니까 중학교 동창이 있어서 클릭해보니 사는 지역이 대전으로 나오는 겁니다. 연락해보니 대전에서 아파트를 짓고 있더라고요.

그 뒤로 알고 지냈는데, 같이 밥을 먹으면 밥값을 안 내는 거예요. 제가 세 번 사면 자기가 한 번쯤은 사야 되는데 안사기에 한 번은 "야, 오늘 네가 한 번 사." 그러면 그때 한 번씩 사고 그랬어요. 그래서 사주를 봤더니 金 대운이에요.

친구는(壬) 여름(巳)에 태어나서 金, 水가 좋죠? 얼마 전에도 친구가 서울에 왔다고, 한번 보자고 했는데 몸이 피곤하다는 핑계로 안 만났습니다. 저는 그 친구가 반갑지가 않더라고요. 그런데 친구는 대운에서 천간에 비겁 글자들이 떠 있으니 친구를 만나면서 휴식과 안정을 느끼게 되는 거죠. 하지만 친구들을 만났을 때는 사주가 건조하니까 받으려고만 하는 겁니다.

예를 들면 "이번에 상가를 지었는데, 또는 아파트를 지었는데 언제 팔리겠냐?"라고 만날 물어봐요. 그렇다면 밥을 한 번 사고 물어보든지 해야 하는데 밥도 한 번 사려고도 안 하면서 계속 물으니까 제가 좋아하겠습니까? 그렇다고 어떻게 하면 좋다고 조언을 해주어도 말도 안 들으면서 그래요. 나중에 보면 결국 자기 뜻대로 합니다.

水라는 것이 자기 얘기를 들어주고, 같이 걱정해주길 바라는 것입니다. 그런데 실제로는 자기 생각은 따로 가지고 있고 결국 자신이 선택한 일이 어떨지 확인하려 하는 겁니다. 그러니 별로 만나고 싶지 않죠.

학생 이 사람은 어느 곳에 돈을 쓰게 되나요? 巳月生이면 자기 목적이 金이잖아요? 그러면 목적을 위해서는 金에다 돈을 쓰게 되는 거예요?

덕연선생 그렇죠.

학생 상가, 부동산, 건설회사 같은 거죠?

덕연선생 그렇죠. 거기에는 자기가 가진 거 다 끌어다 부어서 투자합니다. 빚까지 내서 세종시에 아파트를 샀다고 합니다. 아파트 프리미엄이 삼천만 원이 붙었다고 자랑을 하면서 남한테는 인색하게 행동하는 거예요.

2009년에 처음 만나자마자 사주 얘기가 나와서 보고는 "이혼했냐?"라고 물어봤어요. 웃으면서 "왜? 이혼한 거 같니?"라고 해서 제가 "아, 느낌이 좀 그러네."라고 했죠. 친구가 "이혼 안 했는데 이혼할 거 같니?"라고 다시 물었어요. 제가 그렇다고 대답했는데 그러고 나서 2012년도에 이혼했습니다.

학생 金, 水에는 돈을 쓰고, 木, 火에는 돈을 안 쓰고 그러는 거예요?

덕연선생 이 金에는 土生金(戊酉)으로 돈을 쓰는데 水에는 돈을 안 쓰는 격입니다. 실제로 金生水를 안 하죠. 水를 좋아하는 것은 사실인데, 水에는 자기가 마음을 쓰는 것이 아니고 자기가 얻어먹으려고만 하는 겁니다.

학생 좋으면 거기에다 돈을 써야 하는 건데 안 그러나 봐요.

덕연선생 맞아요, 사람 심리가 안 그렇습니다. 돈 쓰기 싫으면 사람을 만나지도 말아야 하죠? 누군가가 계속 자기한테 기대려고 하고, 얻어먹으려고만 하면 좋습니까? 좋을 사람 아무도 없죠.

학생 甲寅이 木이고 식신이잖아요? 먹고 노는 것에 대해서는 돈을 쓰는 거예요?

덕연선생 제한적으로 조금은 쓰겠지만, 그것보다는 火에 관해서 쓰겠죠. 왜냐면 甲寅 木이 水生木이 안 되어 있으니 말만 하지 실천은 안합니다. 木生火는 되니까 火에 대해서는 돈을 쓴다는 말이죠. 그것도 己土, 즉 자기의 관이나 자식한테 돈을 쓰는 것이죠. 그래서 사람이 水가 없으면 왠지 정이 없고 뭔가 건조해 보이는 느낌이 있습니다.

누구나 돈을 써도 특히 잘 쓰는 자리가 있습니다. 또 특히 안 쓰는 자리가 있고요. 이 사람도 火가 좋죠. 식상에서 재성이 연결 되어서 아랫사람이나 친구들, 戊戌이 놀고, 먹고, 즐기고 하는 그런 곳에 쓰게 되겠죠. 卯木이라서 인성적인 것을 쓸 때, 이를테면 공부할 때, 인지세 등등 이런 것 낼 때, 확인받고 도장 받을 때 내는 수수료 그런 것들이 卯木이라 작은 거잖아요. 卯辰으로 문서는 잡을 수 있죠. 그런데 부동산 수수료 같은 것으로 조금 따질 수 있겠죠.

[戌月에 태어나 돈을 쓰는 대상 설명 中]

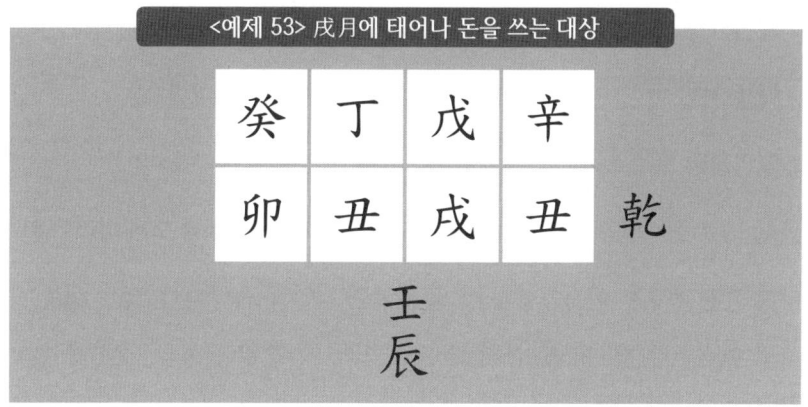

 오행이 은근히 火生土, 土生金, 金生水까지는 잘 되는데 水生木이 잘 안되었어요. 그런데 辰 운이 와서 卯辰으로 木이 살아서 움직이는 형태이기 때문에 대체로 운은 잘 돌아가고 있다고 봐야겠죠. 여자 金을 볼 때 분명한 목적성을 두면서 여자한테 土生金(식신생재)은 하고 있습니다. 그래서 여자한테 돈을 줄 때 계획적으로 줍니다. 한 달에 얼마 이런 식의 고정적 성향으로 주게 됩니다.

그런데 木生火가 안된다거나 소통이 안 되면 비계획적이고 정해놓지 않은 지출을 합니다. 남자들이 술 먹고 기분 좋아서 돈 쓰는 것이 火가 좋을 때 막 써버리게 됩니다. 火는 체면을 세우고 인기를 얻는 것이기 때문에 火가 지나쳐지면 계산을 못합니다.

학생 水일간 남자의 재성이 火잖아요? 그러면 여자한테 돈을 더 쓸 수 있나요?

덕연선생 여자한테 돈을 쓸 때 더 그런 경향이 있을 수 있죠.

학생 어떨 때는 천간에만 있으면 말로만 준다는 것이 맞나요?

덕연선생 그렇죠. 다 줄 것처럼 얘기하는데 실제로 주는 건 없죠.

이 사주의 주인공은 말로만 주는 것이 아니죠. 재성이 亥丑에 있잖아요.

저 같은 경우는 여자들한테 안 줄 것처럼 하는데 줍니다. 어떻게 해줄 거라고 미리 말을 안 하죠. 근데 줄 때는 아무 생각 없이 줘요. 천간에 식상이 없으니 '내가 당신한테 이렇게 해준다. 저렇게 해준다' 미리 얘기를 안 하죠.

생색내고 싶지 않아요. 식상이 지지에만 있으니까 조용히 주죠. 저는 水밖에 없어서 비상금 감춰 놓고 이런 것도 안 합니다. 왜 그렇게 하는지 이해를 못 하겠어요. 필요하면 내가 갖다 쓰면 되지 이런 식입니다.

甲이 있는데 저는 지지에 亥, 丑 이런 글자가 生하죠. 亥水로 生 하는데

[亥, 丑이 甲을 生 하는 경우 설명 中]

丁火가 있으니까 여자에게 받아서 고맙다는 얘기는 듣고 싶죠. '당신 최고야' 이런 이야기는 듣고 싶습니다. 木, 火는 공기 중에 퍼져있는 것이기 때문에 계량할 수 없는 건데 金, 水는 딱 계량이 되어 있고 정해져 있습니다.

예를 들어 내가 金일간(庚申)이라면 내가 사업을 할 때는 사업적으로 계획합니다. 그런데 자기 이름이 날 만하거나 회사 성장을 위해서 火로 뭔가 한다. 그럴 때는 아무 생각 없이 일을 벌이는 경향이 있습니다.

<예제 54> 丑月 亥時에 태어난 경우

丁	庚	丁	甲	
亥	申	丑	寅	乾

金으로 계산할 때는 만원이 더 싼지 오천 원이 더 싼지 수수료를 따지고 하지만 어떨 때는 몇 백만 원, 몇 천만 원 짜리의 개념이 없어집니다. 火라는 것이 자기 개념을 잃게 하여 버리죠.

첫째가 우선 소통입니다. 소통되면 주로 소통되는 곳에 돈을 씁니다. 기신일지라도 쓰는데 기신은 잔소리하면서 쓰게 되어 있습니다.

〈예제 53〉은 丁火한테 여자가 辛金이니까 잔소리하면서 돈을 씁니다. 돈을 안 주는 건 아니고 여자가 계획적으로 해주기를 바라는 겁니다. 친구도 좋아하기는 하는데 많이 있는 편은 아니라고 봐야 하고, 천간에 비겁의 간섭이 없기 때문이고 친구 만나서 돈 쓰고 그런 것은 아니겠죠. 그렇지만 사업적으로 비즈니스를 하거나 공부하러 가서 만난 사람들하고 쓸 때는 잘 쓴다고 봐야 합니다.

다른 예제를 살펴봅시다.

〈예제 55〉는 卯月에 태어났는데 金 대운 반대편의 글자가 와서 대체로 균형을 갖췄습니다. 그런데 이분도 水가 아주 부족한 것도 아니고 넘치는 것도 아니죠. 밤에 태어났지만 수기가 목기를 살리는 데 많이 쓰고 있어서 남에게 그렇게 돈을 잘 쓰는 스타일은 아닌 것 같고 꼭 써야 할 때 쓰고, 쓰지 말아야 할 때는 안 쓰는 사람입니다.

[卯月에 태어나 金 대운을 만났을 경우 설명 中]

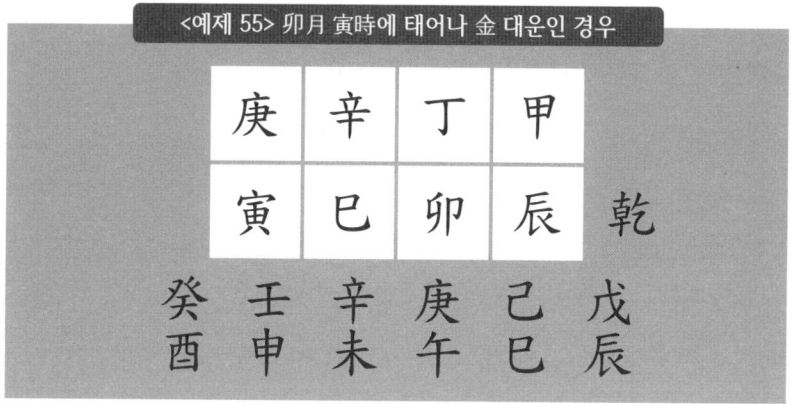

<예제 55> 卯月 寅時에 태어나 金 대운인 경우

이 분은 관이 좋으므로 관을 살리는 일에는 돈을 씁니다. 돈을 쓰면 이름이 나거나 체면이 서고 명예롭게 되는 일들에 대해서는 돈을 아끼지 않는데 반해 평소에는 돈을 무척 아끼면서 어떤 사람을 개인적으로 만나서 내 체면이 서는 일이 아니면 아주 인색하게 행동합니다.

예를 들면 등산로에서 할머니가 채소를 판다고 하면 불쌍해서 사주는 행동은 하지 않고, 남이 지켜볼 때만 사주게 됩니다. 이 분은 자기 혼자 가는데 어떤 사람이 불쌍하다고 도와주지는 않고 여자와 같이 걷다가 내가 어떤 행동을 하면 내 체면이 서고 멋지게 보이는 곳에 다는 돈을 쓰게 됩니다. 관에다 돈을 쓰는 마음은 그런 마음입니다.

이분이 여자한테는 水生木을 안 하고 있으니 여자관계는 별로 안 좋겠죠? 여자를 어떤 대상으로 봅니까? 卯木 여자가 내 어깨를 살려줘야 하는 대상으로 봅니다. 그리고 부인 말고 다른 여자한테는 잘해도 자기 여자한테는 후하게 잘한다고 보기 어렵습니다.

학생 이 집 부인이 남편을 내버려 두는 것 같아요.

덕연선생 여자가 卯木이라면 木生火를 안 하잖아요. 근데 남편도 水生木을 안 하니 부인이 포기한 거죠. 여자가 甲이라면 말이라도 좋게 후원해주는 여자인데, 부인이 卯木이라면 卯는 丁火를 안 살립니다. 부인도 재생관 하려는 마음이 없으니 남편 밥 해주는 것조차도 귀찮아하고 나가서 먹고 오거나 집에 안 들어오면 편하고 고맙다고 생각합니다. 이 남자도 火 대운 걸어왔으니 식신생재食神生財를 안 했다고 볼 수 있죠. 오히려 부인은 자기 나름대로 다니면서 돈 벌었다고 볼 수 있습니다.

학생 부인이 집을 사고팔면서 돈을 벌고, 집에서 아기도 계속 보고 그러더라고요. 그러면서도 돈을 잘 불리는 여자예요.

덕연선생 밤(寅)에 태어나서 水生木이 약간은 있는데 여자가 남자한테 하는 것은 없죠. 이 분은 기운으로 약간 水生木 하는 게 있습니다. 봄에 그

[卯月生이 金 대운인 경우 설명 中]

정도의 느낌입니다. 하지만 가을(金) 대운이 되면 이 木이 필요 없어지고 이 분이 부인하고 관계가 안 좋아지게 될 것 같습니다.

학생 집에 가면 혼자 있고 싶다는 소리를 많이 해요.

덕연선생 사람의 심리는 왜 그런 행동을 하는지 음양오행적으로 판단하는 것이기 때문에 앞에서 설명한 이치로 판단해 가시면 됩니다.

학생 대운에서 천간이 壬申, 癸酉로 水로 왔는데요, 金生水 水生木으로 되나요?

덕연선생 아니요, 제가 볼 때는 부부관계가 소원해질 것 같습니다. 천간이 소통이 돼서 사회적으로는 괜찮은데 지지가 卯木이잖아요. 壬申까지는 金生水가 된다고 보지만 癸酉 대운이 되면 水가 현실에서 말라버립니다. 남편이 부인하고 별로 같이 있고 싶지 않을 것 같은데 辰이 있어서 깨지진 않을 것 같습니다.

학생 만약 辰이 없다면 卯酉 충으로 그냥 깨져버리죠?

덕연선생 네, 그렇습니다. 辰 때문에 卯가 훼손이 잘 안 됩니다. 戌 운을 만나서 辰이 깨져도 卯가 붙들고 있어서 완전히 깨지지 않는 겁니다. 그러므로 부인한테 별로 관심은 없다 할지라도 이혼은 하지 않습니다. 결국, 자기가 마음먹은 심리에 따라서 이혼을 하든, 잘해주든, 못 해주든, 감정과 사는 것은 별개입니다.

제가 볼 때는 훌륭하신 스님이 됐건, 일반 사람이 됐건 자기 팔자를 벗어나는 사람을 거의 못 봤습니다. 스님이 TV에 나와서 법회를 멋들어지게 하시지만 제가 볼 때는 그 팔자를 벗어나진 않아요. 세종대왕 사주를 보면 그 구조가 묘하게 되어 있단 말입니다. 인자하면서 인색하지 않고요. 근데 자세히 알고 보면 인색한 구석이 있고 완벽할 수가 없습니다. 사람은 사주에 따라 그대로 행하게 됩니다. 자기가 운이 좋고 잘 돌아갈 때 안 되는 사람들이 답답해 보이고 어리석어 보이는데 그 사람도 운이 바뀌면 답답하고 어리석어집니다.

학생 저 辰하고 寅이 바뀐다면 酉 대운일 때 그래도 깨지나요?

<예제 56> 卯月 辰時생이 酉 대운인 경우

庚	辛	丁	甲	
辰	巳	卯	寅	乾

癸	壬	辛	庚	己	戊
酉	申	未	午	巳	辰

덕연선생 寅이 卯를 붙들고 있으니 申, 酉 대운 올 때 사이가 심하게 안 좋겠죠. 별거한다거나 완전히 깨지지는 않아도 매우 시끄럽고 골치 아파집니다. 이 분은 스스로 부인과의 관계가 괜찮다고 말하는데 그것은 부인 말을 들어봐야 합니다. 왜인지 아세요? 이 분은 재성에 관이 붙었기 때문에 절대 자기 얘기를 나쁘게 안 하고 부인과 사이가 안 좋아도 그냥 무난하게 지낸다고 얘기할 수밖에 없습니다.

학생 일찍 만났는데 지속해서 지금까지 이벤트를 잘 한대요.

덕연선생 이상하네요. 이 사람은 관이 좋으므로 제가 볼 때는 관 때문인 것 같습니다.

학생 주변에서 되게 부러워해요.

덕연선생 실제로 이 분은 여자가 좋아서 잘해주는 것 같지는 않고요. 丁火 때문에 보여주기 위한 것 같습니다. 남편이 자기한테 잘해준다고 여자가 밖에서 떠들어주기를 바라고, 안 떠들어주면 안 할 것 같고, 남이 안 보고 있으면 여자한테 잘할 것 같지 않습니다. 이 분은 자식이 최고인 사람인데 그런 요소가 재성 중심으로 펼쳐져 있기 때문이고 사실 원하는 건 관(丁火)입니다. 이 분이 정말 부인을 위한다기보다는 좋은 남자라는 말을 듣고 싶거나 남들이 볼 때 좋은 아빠나 좋은 가정을 이루었다는 말을 듣고 싶은 겁니다. 겉으로 남들이 인정해주는 것을 원해요. 부인한테 가서 물어봐야겠지만, 이벤트를 해줬을 때 처음에야 '어머!' 그러겠지만 3년, 5년째 그러면 시큰둥해진다고요.

학생 卯月에 卯가 부인이라 이 남자가 좋아하지는 않은 거죠?

덕연선생 火 때문에 좋은 거지 절대 木을 좋아하시 않습니다.

학생 밖에 나갈 때 부인한테 항상 꾸미고 나가라고 남자가 그런대요.

덕연선생 그러니까 관(火) 때문이라니까요. 남자가 좋아하는 게 관이라서 여자를 중심으로 자기가 좋아하는 것을 꾸며내고 만들어내려는 기운 때문에 그렇습니다. 부인이 만약 남자의 요구사항을 안 듣고 다니거나, 얼굴도 별로에 말하는 것도 별로고, 밖에 나가 머리도 안하고 다니는데 돈만 아끼고 애만 잘 키우는 여자라고 하면 이 사람이 절대 여자한테 잘해주지 않습니다. 자기가 그럴만한 대상을 찾아서 자기만족을 하는 것이지 여자 그 자체를 좋아하진 않습니다. 그리고 비겁 운이니까 남자가 이래라저래라 할 거란 말이죠.

다른 예제를 살펴보겠습니다.

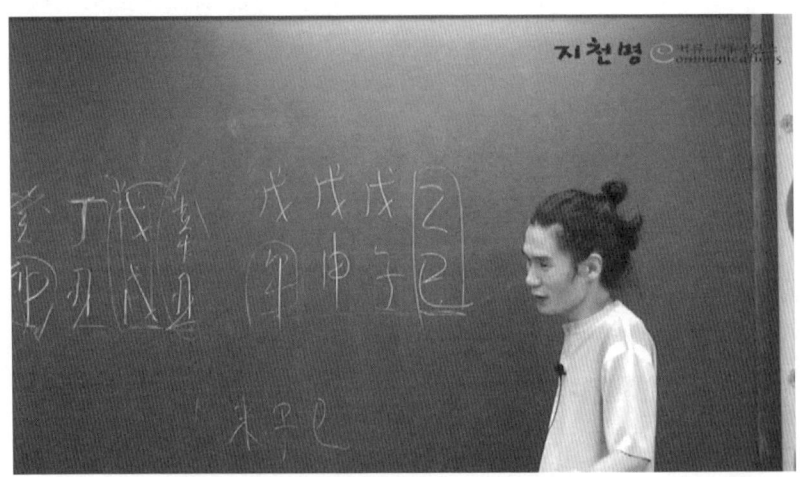

[子月 午時生이 火 대운인 경우 설명 中]

학생 이 여자는 돈도 없으면서 형제나 남편한테 더해줘야겠다는 생각이 막 든대요. 돈이 모이면 주고 싶대요.

덕연선생 일단 남자는 乙巳에 들어서 그렇습니다. 火잖아요. 午는 부모인데다가 겨울 생은 火를 보면 돈을 퍼부으려고 하거든요. 내가 너를 도와준다는 만족감과 거기서 얻어지는 나의 행복한 감정, 내가 너에게 희망과 빛을 줬다는 느낌, 그런 것들을 얻고자 하는 마음 때문인 것 같습니다. 겨울 생이 午시에 태어났으니까 현실적인 개념이 떨어집니다. 겨울 생이 오후 시간이나 밤에 태어나면 철두철미하고 계획적이고 현실 지향적인데 낮에 태어났으니 현실감이 원래 떨어지는데 대운에서 巳午未가 오니까 시계와 저울이 고장 난 겁니다.

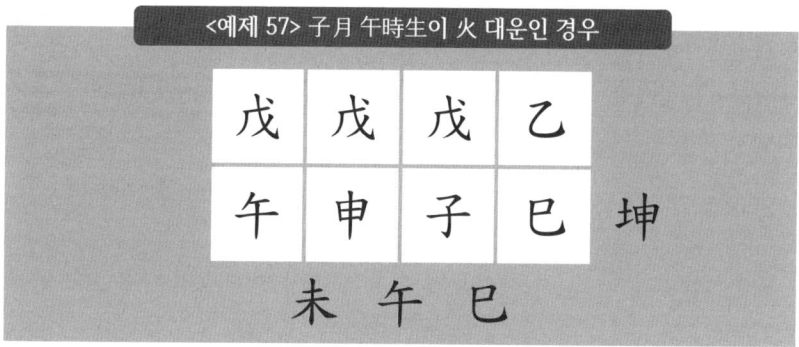

겨울 생이 시계가 고장 났기 때문에 눈을 쓰는 곳은 乙巳와 午에 들어있는 육친에다가 쓰고 싶어 하는 겁니다. 둘 다 오행적으로 火 육친이기 때문에 계량이 안 돼서 그런 겁니다.

학생 돈 말고 다른 것도 다 그래요?

덕연선생 마음이 다 火의 육친으로 기우니까요. 상대적으로 자식(申)하고 나한테 돈 쓰는 거 아까워하죠. 친구는 戊午 비겁이니 저울이 고장이 나죠.

학생 木이 없는 火는 어떨까요?

덕연선생 어떤 일이 지속적이거나 꾸준하지 않습니다. 다만 조후調候가 맞아서 싹은 계속 자라고 있고 木은 없어도 싹이 자라고 있으니까 이 사주는 木으로 크게 키워서 주는 것이 아니라 새싹 비빔밥처럼 뜯어서 먹고, 또 심어서 키우는 행위를 반복하게 될 겁니다.

학생 이 사람은 옛날보다 점점 더 심해져서 엄마랑 매일 놀러 다녀요.

덕연선생 양기가 커지니까요. 사주가 원래 정상이었는데 巳·午·未 대운 뜨거운 곳으로 가니까 저울이 고장 나죠. 子시에 태어났다면 사주가 巳·午·未 운을 갈 때 저울이 맞춰진 겁니다.

학생 寅年이 오면 申이 깨지죠?

덕연선생 寅年이 오면 돈이 많이 나가죠. 많이 벌고 많이 나갑니다. 운세가 좋아져서 기분이 좋으니까 마음 내키면 그 자리에 돈을 쓰는데 그 자리가 木, 火 자리라는 것입니다. 申金, 子水 자기 재성들한테는 경제적으로 돈을 쓰는 것이 아니라 오히려 내가 배려를 받습니다. 내가 土生金 식상으로 지원해주는 것이 있고 금화교역된 식상이니 가치 높은 것을 재성들한테 해줍니다. 그러니 나는 재성들한테 받아야 하죠? 재성들한테는 돈을 많이 쓴다고 할 수는 없고 재성들이 밥을 사면 나는 가서 밥을 얻어먹습니다.

나는 거기서 얻어진 에너지로 木, 火 육친에게 에너지를 씁니다. 공부하는 데 쓰고, 부모님 돈 갖다 드리고, 남자한테도 돈을 쓸 수 있는데 火 대운이니 남자가 있는 운이 아니라 지금 남자한테 돈 나갈 일은 없겠죠.

남자는 새싹으로 계속 존재하고 있기 때문에 후보 선수들이 쭉 있다고 보시면 됩니다. 여자 戊土 일간이 火 대운을 걸어가면 남자한테 그다지 집착을 안 합니다. 내가 남자보다 더욱 잘났기 때문에 내가 제어할 수 있는 남자를 찾게 되고 나를 지배하고 억압하는 남자하고는 같이 못 삽니다. 여자들은 기본적으로 남자가 다 해주길 바라는 것이 여자들의 로망이죠? 이분은 남자한테 배려 받고 살고 싶으니 火生土 받고 싶은 것이고 내 뜻에다 맞춰주는 남자를 찾고 있습니다.

이분이 손가락 까딱하려고 하겠어요? 여자들도 火를 쓰면 귀찮아서 남 뒷바라지하며 살기 싫어합니다. 火 대운이라 남자가 벌어다 주는 돈을 가

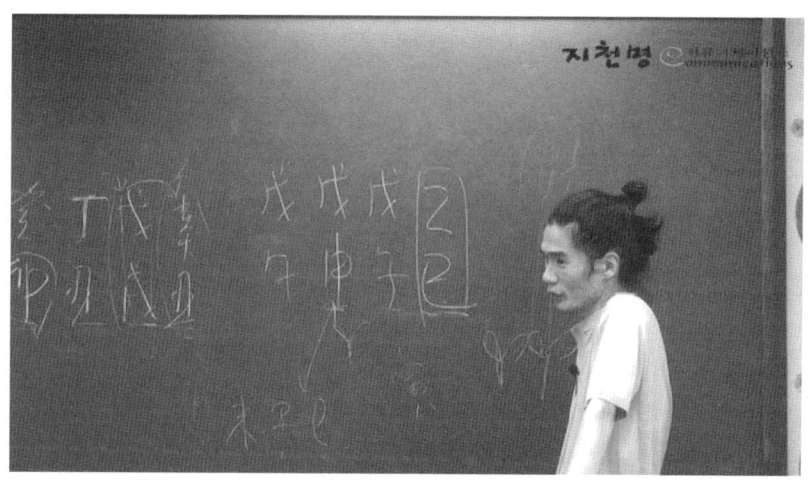

[申金이 火 대운을 만났을 때 설명 中]

지고 내가 즐기면서 살고 싶지, 남자한테 뒷바라지하려는 마음이 적은 것이고 귀찮은 겁니다. 그러니 남자는 좋아도 남자 뒷바라지하는 것이 귀찮아서 사이가 벌어질 수밖에 없습니다.

학생 申金이 火 대운, 火 세운에 병들었다고 볼 수 있나요?

덕연선생 이것은 병든 것이 아니고 합리적인 것입니다. 金, 火가 만나면 합리적으로 노는 것이니 적당히 하고 적당히 혜택 받는 것입니다.

학생 申은 火 대운에서 살아있나요?

덕연선생 申이 火 대운에서 죽나요? 申은 巳·午·未에서 장생, 목욕, 관대지인데 죽는 것은 아닙니다. 죽는 것이 아니라 火 세력이 더 크고 金 세력이 약할 뿐입니다. 만약 여름에 태어났으면 그 말이 맞을 수도 있는데, 여름 생이 아니니 그렇지 않습니다.

학생 대운도 火인데 세운도 火라서요.

덕연선생 火 세운에서는 火가 지나치기 때문에 金의 세력이 작아지는 것은 사실입니다. 火에다 쓸 데가 많아서 金에 쓰는 폭은 작아지게 되죠.

학생 여자가 인성 대운을 가니까 받고 싶어 하잖아요? 여자의 남편이 재성 운으로 가면 서로 어우러지는 관계가 되나요?

덕연선생 남편이 식상 운으로 가야 여자한테 열심히 잘하고 재성 운이면 여자한테 의지해서 가려고 합니다. 재성 운인 남자를 만날 수도 있고 식상 운인 남자를 만날 수도 있는데 여자 입장에서 식상 운인 남자를 만나면 남자가 많이 배려해주게 됩니다. 남자가 계속 여자한테만 집중하기 때문에 매일 전화하고 모시러 갔다가 모셔다 드리고 어디서 뭐 하느냐? 밥은 먹었느냐고 물어보면서 여자에게 전적으로 맞춰주면서 삽니다.

학생 그런 남자와 여자가 처음엔 좋았다가 나중엔 지치나요?

덕연선생 그렇죠. 좋은 게 있으면 나쁜 게 있습니다. 여자의 모든 것이 남자의 통제권 내에 걸려 있다고 볼 수 있고 여자의 일거수일투족을 남자가 다 알고 있는 겁니다. 남자는 뭔가 마음에 안 드는 행위가 있으면 여자한테 지적하겠죠. 그런 것도 시간이 지나면서 변화하겠지만 처음에 열정적인 사람일수록 금방 지치게 되어 있습니다.

학생 남자가 재성 운을 가면 재생관을 바라니까 여자한테 의지하면서 자기한테 잘해주라고 하는 것이에요?

덕연선생 그렇죠. 자기 직업을 여자가 만들어주는 것입니다. 여자가 하는 사업에 남자가 참여해서 같이 한다든지 아니면 집에서 살림이라도 하든지, 여자가 주도하는 환경에서 살아가는 겁니다.

남자가 식상을 쓰는 사주의 예를 살펴보겠습니다. 어떤 분이 딸의 남자친구 사주를 가지고 왔는데 乙木에 申金에 丙火가 나와 있습니다. 겉으로는 잘하는 것처럼 보이죠.

<예제 58> 乙이 천간의 식상을 쓰는 경우

	乙	丙
	申	乾

"이 사람은 천간에만 식상이 있고 지지에는 없어요. 그리고 土가 기신이니 여자한테 잘할 사람이 아닙니다."라고 했습니다. 이런 사람은 결혼하고 나면 엄청 피곤합니다. 사사건건 간섭은 잘하면서 여자한테 잘해주지도 않을 사람이거든요. 그런데 지금은 남자가 딸을 집까지 데려다주고 데려오고 한다는 겁니다. 아빠로서 남자가 좀 별로이지 않으냐고 말을 했더니 딸이 '세상에 나한테 저렇게 하는 사람 있으면 데리고 와보라' 고 방방 뜬답니다.

학생 남자가 식상 운을 갈 때보다 재성 운을 갈 때 여자가 덜 피곤하지요?

덕연선생 그런 것은 아닙니다. 〈예제 57〉는 火 대운이니 남자가 자기한테 경제적인 지원을 해주면서 신경은 꺼주기를 바라는 것입니다. 그런데 인성이 水로 되어 있다면 자기한테 경제적인 지원도 해주면서 사랑한다고 해주고 스킨십도 바라게 됩니다. 〈예제 57〉 여자는 남자의 경제적인 지원은 받고 싶으면서 나는 좀 편하게 해달라는 뜻입니다. 남자의 사주가 여자한테 돈은 주면서 간섭은 안 하는 구조로 되어 있어야 좋겠죠. 남자가 비겁으로 자꾸 통제하려고 하면 이 여자가 좋아하진 않겠죠.

다른 예제를 보겠습니다.

〈예제 59〉 丑月에 태어나 火대운인 경우

	庚	甲	
亥	申	丑	寅	乾
	午	巳	

이 사람은 여자한테 돈은 갖다 주는데 당신이 알아서 하라고 합니다. 그리고 친구를 좀 만나고 다니라고 합니다. 관성이 용신이고 火 대운이기 때문에 집에 돈 갖다 주면서 알아서 하라고 하고, 자기는 하고 싶은 일 하면서 사는 것을 좋아 합니다. 대화할 때 적당히 대화하고, 컴퓨터 보거나, 놀거나, 책 보거나 쉴 때는 방해하지 않으면 좋아합니다. 사실 그렇게 혼자 보내려는 시간이 많은데, 여자는 그렇지 않아요. 자기하고 놀아주거나, 관심 가져주거나, 대화해주기를 바라는 시간이 많습니다. 자꾸 와서 남자를 귀찮게 하면서 말을 걸면 남자는 '좀 내버려 둬라' 고 하면서 밖에서 힘들게 일하고 왔으니 집에 오면 쉬고 싶다고 합니다.

다른 예제를 살펴보겠습니다.

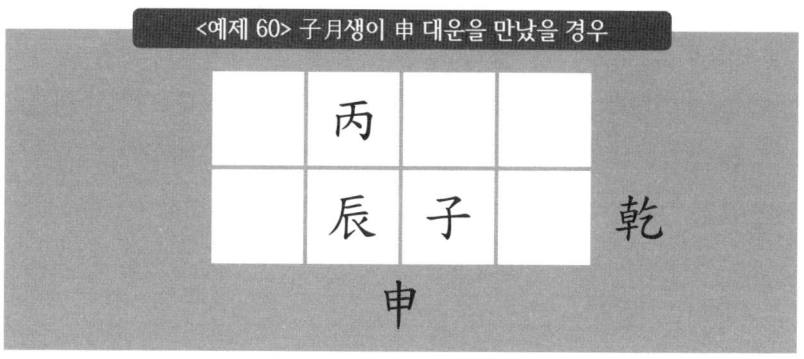

<예제 60> 子月생이 申 대운을 만났을 경우

학생 子月의 丙辰 일주가 申 대운이 왔을 때 三合이 되서 식제관이 되잖아요. 그럴 때 재성 운에 어떤 상황이에요? 재생관을 하잖아요. 저 남자가 여자한테 기대서 재생관 해주기를 바라는 것인가요?

[子月生 丙辰이 申 대운일 때 설명 中]

덕연선생 일단 여자가 金生水로 내 관을 살려주기를 바라는 마음이 크고, 나도 辰土 식상으로 金을 生 하려는 것이 있습니다. 서로 주고받는 것이 잘 되는 형태라고 봐야 하고 金 대운이기 때문에 작은 공간에서 폐쇄적으로 움직이게 됩니다. 남자는 회사-집, 회사-집만 다니면서 그 틀 속에서만 움직이는 것이죠. 金을 쓰면 공간이 좁아집니다. 저도 巳 대운에 申을 쓰니까 공간이 좁아져서 회사-집, 회사-집만 왔다 갔다 하고 다른 곳에 가기가 싫어졌습니다.

학생 여자가 火 대운이면 문제가 생기나요? 여자한테 火 대운이 왔는데 자꾸 밖으로 나돌려고 해서요.

덕연선생 상황에 따라 다릅니다. 대운만 가지고 이야기할 수 없습니다. 〈예제 60〉에서는 여자(金)가 사회활동의 중심이 되니까 남자는 부인이 사회생활을 잘할 수 있도록 돕고, 여자는 집에 들어와서 집안일도 잘합니다.

부부가 서로 원하는 요소가 맞아떨어지기 때문에 대운과 사주의 구조만 보고도 부부관계가 나쁘지 않다고 이야기할 수 있습니다. 문제는 사주 구조가 어떻게 되어 있느냐 입니다.

우리 인생사가 복잡하므로 어떤 사람은 이렇게 사는 것이 만족이고 어떤 사람은 저렇게 사는 것이 만족이니 내 스타일과 맞는 사람을 만난다는 것이 쉽지는 않습니다.

저도 火 대운이라 일하는 것을 귀찮아해요. 제가 사무실에 나오면 되게 부지런하고 집에 가면 되게 게으른데 이게 火 대운의 특징입니다. 나는 火 대운이고 상대방이 水 대운이면 좋겠죠. 나는 밖에서 일하고 집에 들어와서 쉬고 싶으면 상대방이 내가 쉬는 것을 충전해줄 수 있잖아요.

그런데 부부가 같이 火 대운이면 둘 다 집에서 쉬려고 하니 집안이 엉망이고 둘 다 게을러지고 늘어져서 잠만 자고 있습니다.

水 대운은 일반적으로 직장에 나오면 역량을 확 펼치지 못해서 시키는 것만 하고 안정 지향적으로 일하게 됩니다. 업무 시간 지켜서 정시에 퇴근하고 집에 가서 집안일을 또 합니다. 水 대운에서 직장 생활을 하면 밖의 일도 보고 집안일도 보는데, 水 대운은 밖의 일보다 자기 집안일에 관심이 많습니다. 일찍 퇴근해서 뭘 해야지, 애들 어떻게 해야지 하면서 생각하는데 火 대운은 바깥의 일에는 관심이 많고 뭐가 어떻게 돌아가는지 잘 알고 있는데, 집안은 어떻게 돌아가는지 관심이 없습니다.

그래서 음양이 짝이 맞아야 좋고 애매하게 걸리면 서로 불만족스러운 겁니다. 그게 궁합이고요, 음양으로 궁합을 봐야 하는데 용띠와 돼지띠가 만났으니 궁합이 안 맞는다는 것은 아마추어가 보는 법이고 궁합은 모든 것을 전반적으로 다 봐야 합니다. 궁합이 백 프로 자기한테 맞는 사람은 없습니다. 설사 다 맞는다고 할지라도 시간이 흐르면서 서로가 달라집니다. 내 운이 바뀌었는데 상대방이라고 운이 바뀌지 않겠습니까? 그래서 인생이 누군가와 같이 있는 것 자체가 힘든 것이죠. 운이 바뀌었을 때 같이 살고 싶은 마음이 없어지고 살기 싫어지기도 하는데 기신이면 내쳐버리고 용신이면 버리기는 아깝고 쓰자니 안 맞아 갈등이 생기는 것입니다.

이 모든 것은 그 사람의 심리적 상황에 기인합니다. 과거에는 좋았던 모습이 세월이 지나면서 싫어지기도 하고, 싫었던 것이 좋아지기도 한다는 것을 알아야 합니다. 그러한 심리적 변화를 일으키는 것이 운이라고 할 수 있고 운이 내 사주팔자에 영향을 끼쳐 가치관의 변화를 일으키고 그것이 심리적 변화로 연결되어 과거와 다른 행동 방식을 취하게 하는 것입니다.

Part
06

마지막 마음을 읽어내자

1
실전 풀이와 질의 응답

예제를 풀어 보겠습니다.

[申月 寅時生이 火 대운인 경우 설명 中]

덕연선생 스물다섯 살 여자분. 사주가 괜찮습니다.

학생 딸인데 관이 많다고 남자가 많다, 남자 복이 없다고 해요.

<예제 61> 申月 寅時生이 火 대운인 경우

甲	癸	甲	庚
寅	亥	申	午

坤

36	26	16	6
庚辰	辛巳	壬午	癸未

덕연선생 申月 寅時에 태어났으니 여름날 새벽에 태어나서 양기와 음기가 적절히 잘 섞여 있고, 水, 木, 火, 金이 다 있습니다. 그럼 기본적으로 팔자가 좋게 되어 있어서 火 대운 걸어간다고 하더라도 공부는 잘하게 되어 있습니다. 金도 인성으로 있는데 공부를 꼭 좋아하는 것은 아니지만 필요한 만큼 하게 되죠. 초가을의 金이니까 金을 좋아하는 것은 아니겠죠? 공부는 적당히 사회적으로 필요한 만큼만 하게 됩니다. 공부도 적당히 했고 회사도 火 대운 중이니까 午火에서 쓴다고 봤을 때 좋은 회사에 다닐 겁니다.

학생 300명 근무하는 중소기업에 다녀요.

덕연선생 26세 이후 큰 곳으로 갈 겁니다. 甲午年에 운이 좀 안 좋아서 그런 겁니다. 이 사주가 세운에서 양기가 좋겠습니까, 음기가 좋겠습니까? 음기가 좋겠죠? 甲午年에 양기가 성한 상황이라서 조금 안 좋은 겁니다. 대운도 火 대운이니 음으로 가야 좋겠죠? 관이 여러 군데 있으니 발령 따라 옮겨 다니는 직장으로 가게 될 것입니다.

학생 癸巳年에 취직했어요.

덕연선생 취직하는 시기가 癸巳年이라면 午와 묶이기는 하는데 金生水, 水生木이 돼서 자기가 이상을 크게 가지는 때는 아닙니다. 눈높이를 좀 낮추고 배운다는 마음으로 공부하는 상황이라고 볼 수 있습니다. 더울 때 태어났으니까 水가 아주 부드럽게 쓰일 것이고 식상(甲申)은 절처봉생絶處逢生하니 이 사람의 재주는 안 보이는 것을 만들어내는 것입니다. 심리적으로 보면 水가 더 좋을 것이고, 火, 金은 중간에서 적당하게 사회적 필요 때문에 쓰게 됩니다. 사회생활을 그렇게 좋아한다고 볼 수 없지만 개인적인 자기 일이 더 좋겠죠. 운의 간섭으로 직장생활을 하고 있고 적절히 다 갖추고 있으니 직장생활을 못 하는 것도 아닙니다.

甲午年, 乙未年을 바라보고 있는데 직장에서 변화가 좀 있는 시기인데 午午 형을 하니 갈등을 좀 겪을 수 있는 정도라고 봐야 하고, 乙未年은 그냥 지나갈 것이고 丙申年이 변화의 시점이 됩니다. 丙申이 와서 庚도 충히고, 午도 격각隔角하고, 寅도 충하고, 丙을 生하려고 해서 사기가 좋은 곳을 가려고 할 겁니다. 丙申 글자가 오면 사주에 가지고 있는 글자가 다 바뀐다고 보시면 되고 金生水도 받으려고 해서 록도 쓰려고 하니 주체적인 일을 하는 직업으로 변회하려고 합니다.

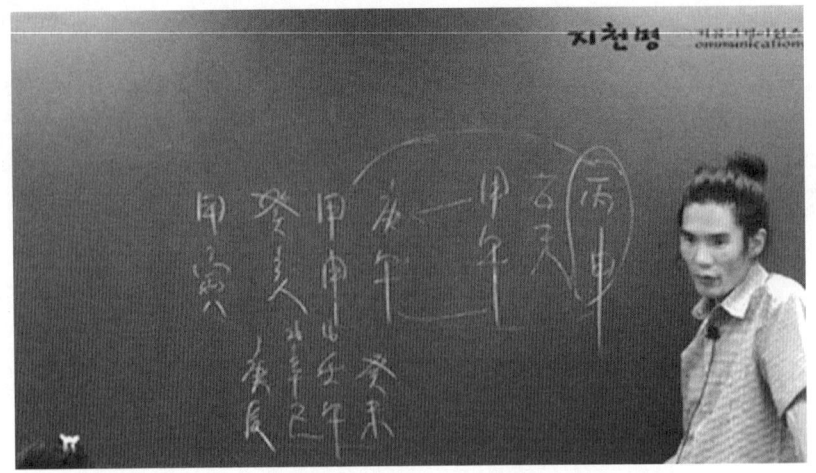

[丙申이 사주 내에서 쓰이는 경우 설명 中]

학생 辛巳 대운인데 巳亥 충으로 록을 안 쓰는 것 아닌가요?

덕연선생 대운에서는 록을 안 쓰고, 丙申 세운에서 록을 쓰니 큰 틀 속에서는 직장생활인데, 직장생활 안에서 지금은 록을 쓸 일이 없지만, 丙申年에는 조직 안에서 록을 쓸 일이 생긴다는 겁니다. 변화의 시기를 丙申年 정도쯤으로 봐줘야겠죠. 지금 직장생활에 만족하겠습니까?

학생 그냥저냥 지내요.

덕연선생 만족 못 하죠. 왜 못하겠어요?

학생 火 대운이라 바쁘게 움직여줘야 하는데 가만히 앉아있어서 답답해 할 것 같아요.

덕연선생 그것보다는, 오행적으로 따지면 양기가 지나쳐서 불만스러운 것이고 자기의 불만은 록을 쓰지 않아서 불만인 것 같습니다. 회사에서 시키는 일만 해야 하는 그런 상황이 마음에 안 드는 것이지 가만히 앉아있다고 답답해서 불만인 것은 아닙니다.

학생 양기가 지나친 것을 현상으로 표현하면 어떤 것이죠?

덕연선생 양기가 너무 지나치면 사람이 늘어지는 것이고, 만사가 귀찮아지고 지쳐서 염세적으로 바뀌게 됩니다. 이 사주처럼 적당히 양이 있을 때는 사회적으로 활동해야 하는 것도 있고요. 이 사주는 양 대운이라 운에서는 활동하려고 하지만 원국 자체는 양이 필요 없는 것도 아니고 많이 필요한 것도 아닙니다. 궁극적으로 水가 필요한데, 水가 필요한 것은 사회생활을 통해 어느 정도 벌어놓고 편안하게 쉬겠다는 뜻입니다. 그래서 火를 쓰는 겁니다. 지금 火 대운 중이니까 사회활동을 열심히 하고 있는데 그런 심리적 입장이니 자기 스스로 만족스러워서 하는 모습은 아니란 겁니다.

火가 용신이 아니잖아요. 火는 운에서 왔기 때문에 자기가 그 행위를 하려는 것이지 진정으로 좋아하는 것은 아니라는 뜻이죠. 밖의 활동보다는 집에 있는 걸 더 좋아하죠? 火 대운인 사람이 왕성한 외부활동을 하길 좋아할 거 같은데 집에 있는 것을 좋아하니 아이러니죠. 왜 집에 있는 것을 좋아할까요? 이 사람의 심리는 이렇습니다. 火는 운에서 왔기 때문에 사회적으로 움직이고 싶은 마음도 있고, 火를 쓴다는 것은 사회적인 성취나 업적을 이루고자 하는 것입니다.

申月이니까 결실을 아직 덜 봤기 때문에 결실을 이루기 위해서는 조금 더 火의 작용이 필요한 것입니다. 그런 의미에서 조금 더 노력해서 사회적 성취를 이루고자 하는 것이고, 근본적으로 원하는 것은 水인데 水가 일지에 있으니 집에 오면 편안해 합니다. 배우자(申中戊土) 운은 金生水를 기본적으로 받는 사주이니 남편이 돈을 못 버는 사주는 아닙니다.

[癸亥의 남자에 관해 설명 中]

학생 申月인데 남자가 土잖아요. 土는 화기인데 申月의 화기라서 남자들이 없다고 보는 것인가요? 申月이면 더운데 土도 화기이고요.

덕연선생 여러 명의 남자가 있을 수 있죠. 인기 없는 사주는 아니고 인기가 많은데 이 사주는 본인이 남자를 고르는 상황입니다. 네 명의 후보(寅亥申午)가 쭉 있는데 감정적으로 보면 亥水의 남자가 가장 마음에는 들겠으나 문제는 능력이 평범하여 꼭 마음에 드는 모습은 아니고, 지금 火 대운 중에 만나기 때문에 남자의 능력을 안 본다고 볼 수가 없습니다. 이 사람한테 火는 현실이니 현실적인 남자를 찾게 되어 있습니다. 申중 戊土나 午 중 己土를 찾을 수밖에 없겠죠. 결혼하는 시점을 봐서 어떤 남자하고 인연이 될까 봐야 하는데, 申 중 戊土는 식상 쓰고 관이 달려있고, 午중 己土는 인성 쓰고 식상이 달려있죠.

午 중 己土는 자기 사업이나 그런 쪽으로 나아갈 수 있고, 인성을 쓰니

까 학문성으로 글과 학문, 인성 이런 쪽에 관련된 일을 하는 사람이라고 봐야 됩니다. 申 중 戊土는 겉으로는 관(甲)을 달고 있으니 표면상으로 직장인이고 그 안에서 기술자로 살아가는 사람인 거죠.

학생 남자의 연결성을 볼 때는 결혼하는 시점에 어떤 글자가 연결되어 있는가를 봐야 하나요?

덕연선생 그렇죠. 이전에 寅·卯·辰 年에는 午火 남자를 만났을 것이고 午年이니까 午火를 계속 만났다면 午年부터 슬슬 갈등이 일어나서 午, 未에서 헤어질 것입니다. 그러면서 申金 남자가 未年에 나타나죠. 지금은 연애를 안 할 마음은 아니고 연애할 마음이 적은데, 연애하려면 새싹을 피우려고 하는 마음이 있어야 합니다. 연애는 해야겠는데 요즘은 좀 바쁘고 피곤한 것이 많죠.

학생 癸巳年에 남자친구를 만났는데 남자친구가 휴학하고 직장 다녀요. 남자가 맨날 집 앞에 찾아오니까 피곤하다고 하고요.

<예제 62> 癸亥가 火 대운에 만난 午, 申 남자

甲	癸	甲	庚	
寅	亥	申	午	坤
36	26	16	6	
庚辰	辛巳	壬午	癸未	

덕연선생 申金 남자는 식상을 열심히 써서 金生水로 여자한테 진짜 잘하고, 午火 남자는 식상을 안 가지고 있으니 겉(庚)으로는 여자한테 잘해주는데 실제로는 잘 못 합니다. 오히려 火 대운이니 여자가 쫓아가야 되는 남자입니다.

학생 자동차 회사에 다니고 巳年 끝에 만났어요.

덕연선생 午火 남자는 겉으로 庚으로 잘하고, 申金 남자는 진짜 잘하는 사람입니다. 午火를 만나면 그렇게 행복해 보이지는 않고, 申金을 만나면 백 프로 마음에는 안 들지만 무난하고, 亥水는 만나면 되게 좋은 사람이고 집에서 같이 일하거나 함께할 시간이 많은 사람입니다.

학생 여자는 자기가 돈을 벌고 남자가 집에서 설거지해주고 밥해주길 원해요.

덕연선생 그건 亥水를 바라는 것이죠.

학생 庚午의 남자는 겉모양이 어때요?

덕연선생 庚午는 재간둥이고 처세가 좋고 그럴싸해 보입니다. 甲申은 甲木이 붙어있기 때문에 남자다움이 있고 엉뚱한 생각과 상상을 하고 추진력이 있죠.

학생 甲申이 말랐다고 볼 수 있나요?

덕연선생 그렇죠. 甲申은 말랐고 庚午는 덩치가 좀 좋죠. 甲申은 가을철의 甲木이니 말라붙게 되고, 庚午는 가을철의 庚午이니 결실이 과실처럼 맺힌 모습으로 토실토실 살이 쪄서 덩치가 딱 보기 좋게 살찐 모습입니다.

학생 庚午를 만나고 있다면 甲午年에는 午午 형으로 깨지겠네요.

덕연선생 甲午年부터 짜증이 나서 이 남자하고 갈등이 생길 겁니다. 乙未年에 午未 합으로 헤어지려고 하는데 乙로 계속 붙들고 있으니 마음으로는 헤어지고 싶은데 헤어지진 못하고 이러지도 저러지도 못하고 있다가 丙申年이 와야 새로운 대안이 생기게 돼서 헤어지겠죠. 火 대운에 여자가 자기 주관이 없고 자기 주관대로 못하고 亥水 록이 죽었으니까 남자한테 끌려다니게 됩니다. 그런데 자기 주관이 있으면 너, 내 앞으로 오지 마! 하겠죠.

학생 申이 오면 申 중에 水가 있으므로 자기 록이 선다는 겁니까?

덕연선생 亥水가 살아나니 주관 있게 행동을 하죠. 火 대운에는 줏대 없이 행동하고 申金은 장생長生되어 있으니까 어떻게 해야 하는지 엄마한테 물어봅니다.

학생 여자가 사주책 들여다보고 인터넷으로 찾아보는 것은 癸亥 공망空

[공망에 대해 설명 中]

ㄴ때문인가요?

덕연선생 癸亥도 공망이고 대운도 辛巳, 庚辰으로 가죠. 寅時인 컴컴할 때 태어났기 때문에 보이지 않는 무형無形의 세계에 관심이 많습니다. 식상도 있고 관도 공망 운이죠. 타로라도 배워서 아르바이트라도 하고 싶고 종교에 심취하기도 합니다. 직장은 다니는데 매주 일요일에 교회에 나가서 일보는 사람들이 공망의 관직을 가진 것이고, 또 절에 가서 밥해주고 봉사하는 것 또한 공망의 관을 쓰는 겁니다.

학생 亥 중 戊土가 申의 조력을 받으니까 돈이 많은 남자로 볼 수 있나요?

덕연선생 돈이 많은 남자라기보다는 그 부모가 돈이 많은 사람이라고 봐야죠. 남자의 능력은 보통인데, 亥水 남자와 같이 살아도 먹고사는 데 지장은 없고 亥水가 가장 같이 살기 좋습니다. 申金은 옆에서 午火가 도와줘서 능력이 있는 것 아닙니까? 午火도 자기가 능력이 있는데 너무 강하고 火 대운에서 록을 쓰니까 막 들이대는 겁니다. 申金은 火 대운이 자기 대세가 아니니 강하지 않고, 亥水는 申金의 生을 받고 있으니까 亥水가 스스로 잘난 사람은 아닙니다.

금화교역이 午에서 이루어졌으니 부모가 잘난 것이죠. 하지만 사주가 저렇게 되어 있으니 어떤 남자를 골라도 능력은 있습니다. 배우자는 잘 골라야 하는데 뭐니 뭐니 해도 편한 사람이 최고라고 생각합니다. 여자가 남편 덕을 보려는 생각이 있습니까?

학생 말하는 것을 보면 남편 덕을 보려는 생각이 없는 것 같아요.

덕연선생 아니죠. 인성이 격格으로 되어 있는데 왜 남편 덕 볼 생각이 없겠습니까?

학생 자기는 남자가 별로 필요 없고 자식만 있으면 된대요.

덕연선생 자식(寅)이 좋기는 하죠. 남자를 아주 좋아하는 것도 아니지만 아주 싫어하는 것도 아닙니다. 남자가 필요 없는데 왜 이 남자 저 남자를 만나나요? 庚午 아니면 다른 남자를 만났을 텐데 庚午가 하도 집착해서 다른 남자를 못 만날 뿐이겠죠.

학생 남동생하고 굉장히 친하게 잘 지내요.

덕연선생 형제가 용신이니까 잘 지냅니다.

학생 壬水 대운 때문에 그런가요? 운이 바뀌면 형제가 싫어지나요?

덕연선생 운에 와 있잖아요. 운이 바뀌면 형제가 싫은 것은 아닌데 인연이 멀어지죠.

다른 예를 살펴보겠습니다.

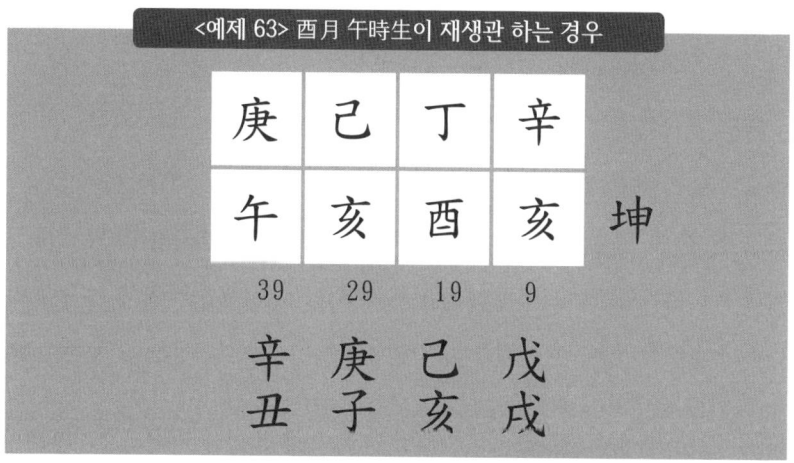

학생 제가 첫눈에 반한 사람이에요.

덕연선생 가을날 午시에 태어났으니까 기운이 어떻습니까?

학생 따뜻해요.

덕연선생 온도는 따뜻한데 성품이 어떻죠? 여유로운 사람이죠. 그런 점이 좋았을 겁니다. 이 사람은 여유롭고 亥水도 가지고 있으니까 부드러움도 가지고 있습니다. 이 사람은 관을 亥 중 甲木을 쓰니 남자를 어떻게 해준다는 거죠? 재생관 해준다는 것이니 남자로서는 탐이 나는 여자입니다. 여자가 남편을 열심히 밀어주고 계속 살리잖아요.

亥 중 甲木이 뻣뻣하겠어요, 부드럽겠어요? 아주 부드럽죠. 질문 주신 분은 진취적이고 뻣뻣하신 분이니 이 여자가 원하는 남자는 아니죠? 지금 만나는 남자분이 亥 중 甲木처럼 생겼을 것입니다.

여자가 순수하고 착한 것 같죠? 그러면서 가을에 결실(酉)을 다 거뒀으니 능력도 갖추고 있습니다. 午火 태양은 사랑으로 쓴다고 했죠? 사랑이 넘치는 사람이고, 천간은 이 사람의 인성이니 학문성이라든지 인성의 것들이 순수하면서도 금화교역 되고 있습니다.

학문이 경제적인 가치도 만들어내고, 착하고 능력도 있고 사람도 아주 좋습니다. 남편을 재생관하고 있으니 열심히 밀어주고, 재를 좋아하겠죠? 남자가 亥 중 甲木에 들어있으니 여자가 남자를 보호하려는 경향이 있고 남자다운 남자를 별로 안 좋아합니다. 겉으로 봤을 때 남자다운 남자가 아니라 모성애를 발휘할 수 있는 남자를 좋아하는 것이죠. 이분 앞에 가서 앓는 소리를 해버려야 돼요. 아이고, 죽겠네 하면서요. 하하

2
궁합 실전해설

학생 저랑 궁합이 맞지 않나요? 다 합슴이거든요.

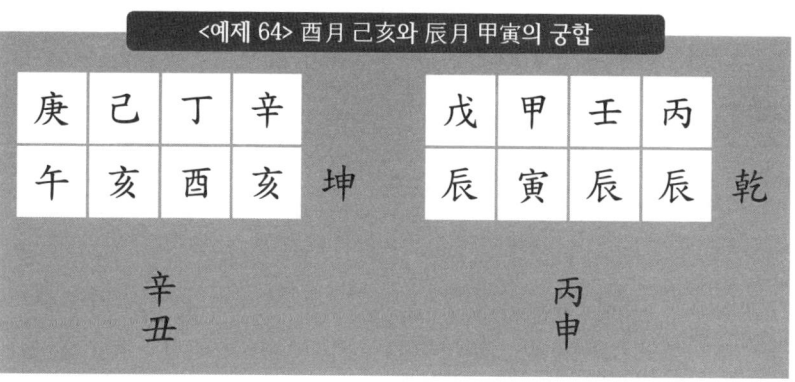

<예제 64> 酉月 己亥와 辰月 甲寅의 궁합

제6장 마지막 마음을 읽어내자

[남녀의 궁합 설명 中]

궁합을 합으로만 보는 것이 아닙니다. 여자가 추구하는 배우자상과 남자가 추구하는 배우자상이 서로 맞는지를 봐야 합니다. 그것으로 부부 인연이 될지 안 될지를 판단하는 것이고, 인연이 되었다고 하더라도 무조건 좋단 법이 없겠죠. 사주 내에 희기에 의해서 서로 필요한 것을 도와주고 있는지 아닌지, 도와주다가도 어떤 시기에 도움이 끊어졌을 때 문제가 생기게 됩니다.

남자는 어떤 여자를 좋아하죠? 己亥 여자는 이상으로만 바랄 뿐이지, 현실 속에 있는 여자는 己亥 여자가 아닙니다. 辰月의 辰土가 여자이니 경제적인 능력도 갖춰진 여자를 바라고, 여자가 金 운이니까 남자의 사회활동에 참여해서 도움이 되는 여자를 찾고 있습니다. 기본적으로 보면 성품이 강한 여자를 원하죠. 壬辰 여자는 겉이 부드럽고 丙辰 여자는 강한데 사주에서 양기가 뻗치고 있으니 壬辰 여자가 더 낫습니다. 丙辰 여자가 멋은 더 있는데 마음의 감정적인 소통은 壬辰 여자하고 더 잘 되겠죠. 壬辰

여자를 만나면 여자가 生을 해주니까 남자가 기운을 받고, 丙辰 여자를 만나면 남자가 기운을 쏟아 부으니까 내가 좀 지칠 수 있습니다. 남자도 己亥 여자의 배우자상과 전혀 달라서 서로 맞을 수가 없죠. 남자가 여자한테 끌렸던 것은 여자가 나를 도와줬으면 하는 생각이 있고 자기의 센 기운 때문에 여자의 부드러운 기운이 좋았던 것인데 현실적으로는 짝이 되기 어렵습니다.

학생 여자 사주에 있는 남자의 상하고 남자 사주에 있는 여자의 상하고 맞춰야 하나요?

덕연선생 그렇죠, 그걸 봐야죠. 己亥 여자가 센 사람입니까? 남자 사주에서는 여자가 세고 현실적인 사람인데, 己亥 여자는 현실적인 사람이라기보다는 낭만적인 사람이고 목소리도 차분차분하죠? 제가 그런 분을 알고 있는데 酉月의 巳時에 태어났습니다.

<예제 65> 酉月 巳時에 태어난 경우

丁	癸	癸	己
巳	巳	酉	酉	坤

癸水도 떠 있고 되게 부드럽고 급한 것이 없는 데다 辛金을 드러내서 쓰지 않습니다. 〈예제 63〉의 己亥 여자분은 辛金을 드러내서 쓰기 때문에 현실적인 직업을 쫓게 되는데 癸巳 여자분은 현실적인 것을 쫓지 않고 이

상적으로만 가게 되어 있습니다. 단월드(丹world)에서 근무했었고, 현재는 컨설팅 프리랜서로 법원에서 부부싸움 가사조정 상담일을 하고 있는데 이런 식으로 사람들을 힐링해 주고 살았으면 좋겠다고 합니다. 이분 나름대로 능력도 있고 인기가 많은데 본인은 정작 건조해서 나이가 꽤 있는 40대 후반인데 아직 결혼도 안 했고 남자에 대한 생각도 별로 없습니다. 빼어난 미인은 아닌데 사람이 되게 부드러워서 같이 있으면 아주 편안하니 남자들이 엄청 좋아하는데 정작 현실에서는 여행도 혼자 다닙니다. 저는 '대단하다, 여행을 혼자 다니면 재밌나?' 라는 생각이 드는데 이 분은 "나는 이번에 제주 올레길에 갈 계획이야." 하면서 혼자 다닙니다. 이분을 보면 재밌어요. 겨울 생들은 혼자 여행하는 것을 잘 못해서 누군가와 어울려서 가거나 아니면 단둘이라도 누군가를 끌고 가야하고 여행 가서 판이 벌어지는 것을 좋아합니다. 겨울 생들은 그런데 가을 생들을 보면 왁자지껄한 것을 별로 안 좋아합니다.

학생 가을의 水는 찬 기운 아니에요?

덕연선생 겉으로는 남들이 볼 때 차가운데, 그 안에 있는 식구들 입장에서 金生水를 받게 되면 아주 편안하고 좋은 것이죠. 외부인의 접근이 어려우니까 좀 고독해 보이지만 본인 스스로는 만족하며 살죠.

3
실전 풀이와 질의응답 2

<예제 66> 酉月生이 金生水 하는 경우

庚	己	丁	辛
午	亥	酉	亥

坤

39
辛
丑

학생 辛丑 대운이 나쁜가요?

덕연선생 나쁜 것은 없고 그냥 金生水 해서 먹고 삽니다. 큰돈을 벌지는 못하지만 먹고사는 정도인데 金生水는 어떻게 먹고산다고 했죠? 火가 있어서 그렇게 작지도 않고 고정적인 수입처를 가지고 계속 꾸준하게 먹고 사는 운이라고 볼 수 있습니다.

학생 金 대운에는 무리하게 크게 벌이지 않고 안정적으로 한다고 하셨잖아요.

덕연선생 대부분 안정적으로 움직이려고 하는데 예외의 경우도 있습니다.

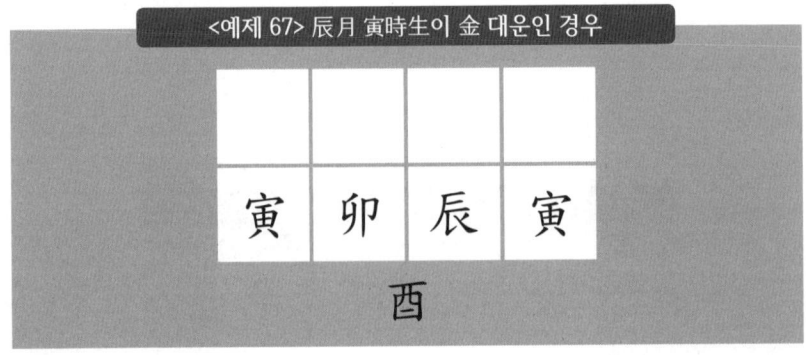

<예제 67> 辰月 寅時生이 金 대운인 경우

辰月 寅時에 태어나 金 대운 가는 사람이라도 원국에 木이 강하기 때문에 사회적으로 이것저것 마구 벌이는데 그 과정에서도 자기만의 안정적인 기준이 있습니다. 안정적이란 것은 사람마다 다른 것인데, 남이 볼 때 불안정해 보일지라도 그 사람 나름대로는 안정일 수 있다는 거죠. 사주 특성이 뭔가를 벌이는 것이 일인데 金 대운 걸어갈 때 어떤 생각이 들겠습니까?

원래 크게 벌여야 하는데 그만큼 못 펼치고 있다고 생각하겠죠. 자기가 여한을 다 못 풀었다고 생각하는 것입니다.

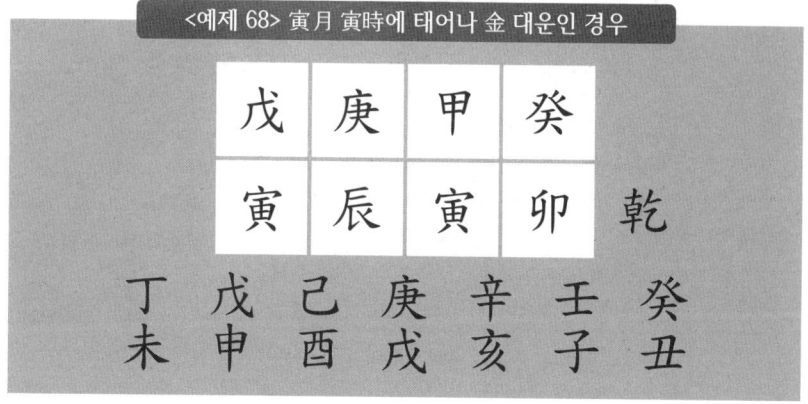

<예제 68> 寅月 寅時에 태어나 金 대운인 경우

寅月 寅時에 태어나서 酉, 申, 未 대운 가는데 쭉 사업 운으로 걸어오셨으니 뭐하면서 먹고 살았겠습니까? 제가 드린 첫마디가 '직장생활을 거의 안 하셨고, 사업 하시며 살았겠네요.' 했습니다. 관을 써야 하는데 그동안 관을 안 썼죠.

직장생활 일 년인가 해봤다는데 이분한테 '선생님은 없는 것을 있게 만드는 일을 하시는데 대략 계획이나 아이디어를 만들어서 남에게 넘기는 일이다' 라고 말씀드렸더니 맞는다고 하셨습니다. 그런데 이분이 느낄 때는 지나온 대운이 만족이 됩니까? 민족이 안 되는 이유는, 木은 火로 가야 하는데 火를 못 만났죠? 앞으로 10년만 지나면 丁未 대운이 오는데 申 대운부터 이미 火의 기운이 있어서 벌떡벌떡하게 됩니다.

[木의 심리 설명 寅月 寅時에 태어나 金 대운인 경우 설명 中]

학생 火가 온다고 좋은가요?

덕연선생 火가 오면 마음으로는 좋아도 현실적으로는 좋을 것이 하나도 없겠죠. "나중에 사업을 키우려고 할 텐데 60대에 키우면 망하니까 주의하십시오."라고 했습니다.

학생 寅月의 寅시라서요?

덕연선생 지지의 목기가 火 대운에 사업을 인정사정없이 벌이기 때문에 망합니다. 사업을 몇 십 억씩 불리다가 운 나빠질 때 水가 쫙 마르게 돼서 卯, 辰, 巳에 이르면 망하는 것입니다.

학생 그 사람이 선생님 충고를 듣고 사업을 크게 안 벌였다고 보면 쫄딱 망하지는 않죠?

덕연선생 이론상으로는 맞지만, 현실적으로 이 분은 제 충고를 듣지 않고 사업을 크게 벌이게 될 겁니다. 제가 말로는 조심하라고 이야기했지만,

제 말을 들을 분이 아니기 때문에 운대로 되어갈 겁니다. 酉 대운까지는 돈을 버는데 申 대운부터는 예전처럼 살기 싫어진 것이죠. 金의 모습은 있으나 기운은 이미 화기가 뻗쳐 있고 오셔서 하는 질문이, 철학관을 돌아다녀 보았는데 '내가 누군지'에 대한 갑작스러운 질문이 생겼는데 대답해주는 사람이 없답니다. 자신이 누구인지를 자기가 찾아야지 남이 찾아주는 것입니까? 답이 없는 질문을 가지고 돌아다니니 답이 나오나요?

학생 火가 자기 관이잖아요. 火로 망하는 것은 사업을 벌여서 망한 거예요? 인생 전체가 망한다고 봐야 해요?

덕연선생 돈을 다 까먹는다는 말입니다. 그럼 인생 전체가 망한 거라고 봐야 할까요?

학생 예를 들어 이 사람이 망한 것이 인성 부분이 망한 것인지요, 丁未 대운에 寅木을 못 쓰지 않아요?

덕연선생 未 대운에 卯를 쓰는데 卯가 寅, 辰과 합이 되어 있으니 이 사람이 뭘 할 때 한 가지만 하려고 하겠습니까. 이것저것에 손댄다고 봐야 합니다.

申 대운에 음양이 교차하니 애매해졌고 '자신이 누군지' 찾고 있죠. 그 질문은 구도자들의 숙제이고 몇 십 년을 공부해도 알까 말까인데 철학관 가서 몇 번 물어봤다고 답이 나옵니까? 하늘이 왜 하늘이에요? 라고 물어봤어요. 하늘이 뭔지 정의할 수 있습니까? 하늘이라고 불렸을 뿐이지, 당신이 생각하는 하늘, 내가 생각하는 하늘이 다 다르단 말입니다. 누구의 엄마, 누구의 아빠라고 불리는 호칭이 '나' 입니까?

나라고 정의하는 순간 맞는 것이 하나도 없으니 '무엇' 이라고 정의할 수

[寅月 寅時生이 金 대운인데 午를 만난 경우 설명 中]

없는 것이 '진짜 나'입니다. 누구누구라고 이름이 그렇게 붙여졌을 뿐이고 입양 가면 이름이 바뀌잖아요. 그러니 나라는 것은 늘 같은 적이 없기 때문에 정의할 수 없고 순간의 개념에만 존재합니다.

학생 만약 원국에 金이 있다면 火 대운에 완전히 망하는 것은 아니죠?

덕연선생 그렇죠. 벌면서 쓰니까 망하진 않겠죠.

이 사람은 대운에서 金, 水가 왔으니 金극木으로 먹고살았습니다. 金극木은 뭐라고 했죠? 짧게 치고 빠지는 식으로 적당히 만들어서 넘겨버리는 일을 하다가 화 운이 들어오면 슬슬 욕심을 부립니다. 甲午年에 午가 들어왔으니 시장 진출까지 탐하려는 뜻을 갖는다는 겁니다. 午가 들어오면 목기가 움직이는데 오행이 한쪽으로 치우치면 문제가 있습니다.

같이 오신 다른 분은 사주가 이렇게 생겼습니다.

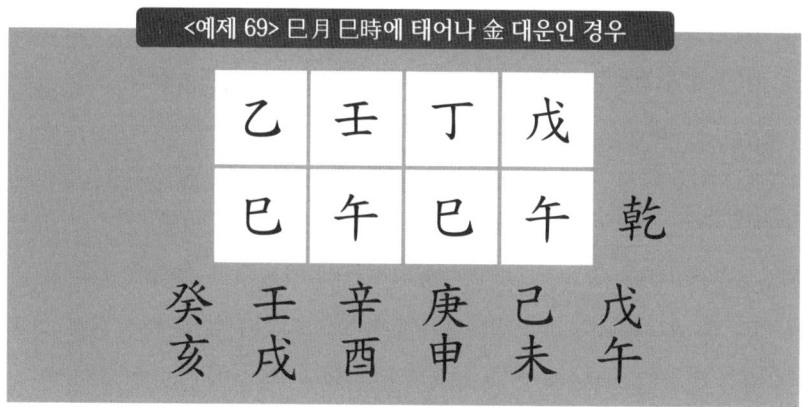

같이 일하는 사이 같은데 한 명은 木만 있고 한 명은 火만 있습니다. 이 사람은 木이 없고 〈예제 68〉 분은 木이 있으니 〈예제 68〉 분이 만든 것을 이 사람이 사서 金을 만드는 겁니다.

이런 사람은 어떻습니까? 처세가 밝고 예의 바른 척합니다. 火라는 속성

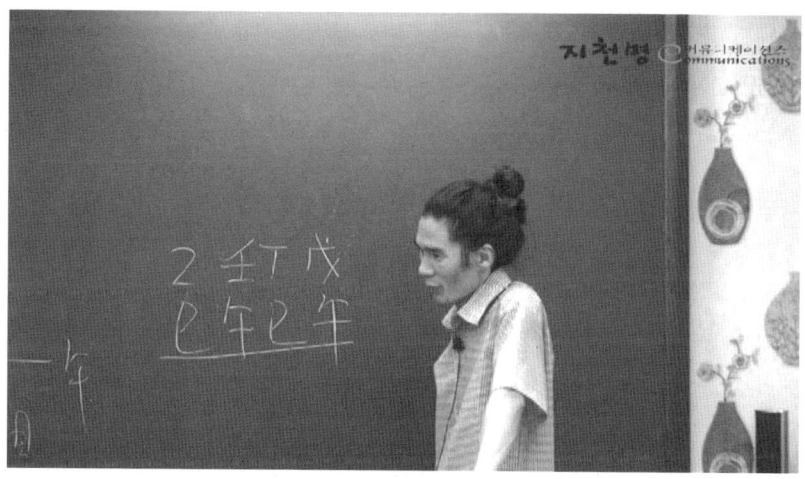

[巳月 巳時에 태어난 경우 설명 中]

은 예의 바른 것이 아니고 그런 척을 하는 것이죠. 실제로 예의 바른 것하고 예의 바른 척하는 것과는 다른데 火는 처세에 능하다는 말입니다.

학생 부드러워 보이죠?

덕연선생 그렇죠. 겉으로 보기에는 부드러워 보이지만 속에는 까칠합니다. 겉으로 봤을 때는 여름에 壬水이니까 부드러워서 자기가 괜찮은 사람이라고 생각합니다. 하지만 성격이 한쪽으로 치우쳤습니다. 그래서 좋을 때는 좋은데, 火라는 것은 세속적인 가치 기준에 안 맞으면 버리게 되는 겁니다. 그랬더니 자기는 안 그런다면서 주차 관리하는 아저씨를 만나도 예의 바르게 잘한다는 하는데 진심으로 존경스러워서 예의 바르게 행동합니까? 자신이 남들에게 좋은 평가를 받기 위해서겠죠. 이 분의 심리적인 부분까지 생각해서 이야기해야 합니다. 사주가 불덩어리기 때문에 목적만을 위해서 달려가는 사람이라고 볼 수 있고, 정치하는 사람들처럼 권모술수權謀術數에 능하므로 겉으로 봐서는 잘하는 사람처럼 보입니다.

학생 성격도 불같은가요?

덕연선생 그렇죠. 불같은 면은 있지만 주변 눈치를 보니까 안 그런 척 하죠.

학생 巳月의 壬水니까 현실적이지만 본인이 하고자 하는 것은 사람들을 힐링해주고 남에게 이롭게 하고자 하나요?

덕연선생 겉으로 좋은 사람으로 보이기를 바라는 것이고 水가 지지에 있어야 실제로도 좋은 사람입니다. 申, 酉 대운 왔으니 돈은 벌리겠죠? 사업의 규모가 큰데 이것저것 일이 벌어져서 돈이 남아돌지 않고 계속 빡빡하게 돌아갑니다. 午年이니 힘이 들지만 망하지는 않는데 金 대운이라 망할

만큼 크게 안 벌였기 때문입니다. 金과 水의 조절력을 가지고 있으니 계속 유지해나갈 것이고 앞으로 사업은 더 커질 것입니다.

학생 이 사주 원국에 水가 없는데 안 망하나요?

덕연선생 안 망하죠. 金 대운이라 火가 지나치지 않기 때문이고 다음 戌 대운에는 戌이 火를 조절하기 때문에 망할 일은 없습니다.

학생 사주 원국에 木이 없어도 일을 막 벌이나요? 木이 있어야 일을 벌이지 않나요?

덕연선생 木이 없으니까 자기는 대기업에 뭘 납품하는 일을 하는데 일을 받아다가 납품하는 것으로 자기가 金까지 만들어냅니다. 金 대운에서 火극金으로 일회성으로 끝나는 일이 아니라 계약을 일 년 단위로 하고 안정적으로 가죠.

〈예제 68〉 사람은 庚辰 록공망을 만나서 '나는 누구인가?' 라는 철학적 고찰에 빠져 있습니다.

다른 분을 살펴보겠습니다.

<예제 70> 卯月 卯時에 태어나 申 대운인 경우

辛	丙	丁	己	
卯	戌	卯	酉	坤

壬 辛 庚 己 戊
申 未 午 巳 辰

卯月 卯時라 부지런하다고 생각할 수 있는데 목기가 살아야 합니다. 水生木도 안되고 팔딱팔딱한 기운이 水生木을 받아야 계속 지속해서 부지런할 것입니다. 水가 약하면 水生木이 될 때만 부지런한 척하는 것이고, 辰·巳·午·未 대운 지나 申 대운이라서 부지런할 수 없고 오행 중에 가장 게으른 것이 火 대운입니다.

水 대운도 게을러 보이는데 어떤 움직임이 없으면 게으르다고 하죠. 두 가지로 볼 수 있는데 만물이 정점으로 멈춰있는 상태는 火가 너무 극렬하거나 아니면 水가 뭉쳐 있는 모습입니다. 水로 뭉쳐 있으면 답답한 것이고, 이 사주처럼 火로 뭉쳐 있으면, 未 대운에 卯未 합으로 어쩌다 한번 움직일 때가 있습니다. 옆에서 뭐라고 하면 '나도 다 알아' 하면서 안 움직이는데 水로 뭉쳐 있으면 옆에서 이야기해야 압니다. 이 사주는 水生木이 되어야 하는데 水生木이 안됨으로써 만물이 늘어져 버립니다. 火가 金으로 연결이 되어야 하는데 金으로 연결이 안 되고, 木生火로 치달아 버리는 것이죠. 火는 무엇입니까? 가장 우위의 입장에서 놀려고 하는 마음이니 내가 위에 있고 신하들이 다 해주길 바라게 됩니다.

저도 木 대운에는 부지런했던 사람인데 火 대운 들어와서 만사가 귀찮아졌습니다. 그래도 팔자가 소통되면 일하기 싫어도 해야 할 것은 합니다.

학생 이 사람의 남편이 水잖아요. 水가 없는데 이 사람의 남편이 부인과 항상 동행하고 싶어 해요.

덕연선생 卯月에 꽃이 확 피어 있으니 남편이 볼 때 자랑거리입니다. 사주에서 남편이 좋은데 水가 없어도 기운으로 존재하는 겁니다. 남편이 있는 듯 없는 듯한 사람이고 이 분은 남자의 기준이 없고 남자가 卯月에 水니까 부드럽겠죠. 부드러움을 가진 남자라고 볼 수 있는데 남자가 水生木을 해줘야 하고 여자는 남자가 水生木 해주기를 바라는 마음이 큽니다. 사주에서는 水가 없지만 실제 남편은 좋습니다. 이분이 남편을 좋아하는데 자기가 원하는 것을 안 해주면 싸울 것 아닙니까? 남편이 좋기는 한데 안 맞는 부분이 있는 것이죠.

학생 남자가 丙辰 일주인데 부부가 둘 다 火 대운을 가고 있대요.

덕연선생 그러면 둘 다 "당신은 왜 이거 안 해? 내가 이거 하려고 결혼했어?" 이러면서 서로 미루는 거죠.

학생 水 없는 木은 바람기가 없는 것이죠?

덕연선생 그렇죠. 남들과 어울리는 것은 좋아하는데 애정적으로 깊이 들어가는 것은 바라지 않기 때문에 자기 남편도 친구 같은 존재로 바라봅니다. 저녁에 부부관계 하는 것도 귀찮아하고 남편이 친구나 동반자 개념으로 있는 것을 원합니다. 성적인 것을 원하는 사람은 아니니 정력이 넘치는 남편 입장에서 바라보면 아주 별로이죠. 그러나 남편도 별생각이 없으면 괜찮습니다.

학생 巳·午·未 운을 걸어가면서 애정을 더 갈구하지는 않나요?

덕연선생 별로 갈구하지 않죠. 어떤 측면에서 남편이 필요할 뿐이지, 남편 없으면 못 산다는 것이 아닙니다. 남편이 돈을 많이 벌어다 주는 것도 아니죠? 인성이 木인데 卯戌 합한 것은 있어서 남편이 돈을 안 주는 것은 아닌데 다른 쪽으로 많이 쓰니까 많이 벌어다 줄 것 같지는 않습니다.

학생 申 대운에는 남편이 역할을 한다고 봐야 하나요?

덕연선생 申 대운에는 남편이 장생을 하니 부인이 남편을 보좌하는 방향으로 바뀝니다. 현실적으로 바뀌게 되니 자기의 사회활동도 좀 열린다고 봐야겠죠. 여자는 火 대운에는 사회활동 하는 것을 별로 안 좋아하고 친구들하고 놀러 다니거나 뭘 배우러 다니는 것을 좋아하는데 金, 水 대운으로 가면 여자들이 돈을 벌려고 합니다. 현실적인 방식을 통해서 남편을 도우려고 하는 것이죠.

학생 卯月生인데 金 대운이면 현실적인 것을 쓴다고 봐야 해요?

덕연선생 태어난 月에 상관없이 여자라는 존재는 음운을 걸어가면 재생관을 하려고 합니다. 재성이 자기의 사회성인데 卯月에 金이니 사회적인 성분이 보이지 않는 일이라는 것입니다. 일의 종류로는 전화를 받는다든지 말로 영업하는 것이 자기 사회활동이 될 것이고 그것을 통해서 관성을 살리는데 결과적으로는 재생관을 하게 됩니다. 水生木으로 실질적인 水로 生을 하니까 게을렀던 성분이 조금 부지런해지게 되는 것입니다. 지금은 청소도 안 하고 엉망으로 살겠지만, 그때 되어서는 조금 나아지겠죠.

<예제 71> 亥가 卯, 辰 대운을 만났을 경우

亥			寅	乾
	巳 辰 卯			

저도 亥水 있고 卯 대운 걸어갈 때는 되게 부지런했는데 辰 대운부터 점점 게을러지더니 火 대운 오니까 뭐든지 좀 귀찮아지는 면이 생겼습니다.

원국에 무슨 글자가 있는지 되게 중요한데 운의 간섭으로 조금 귀찮아지기도 하지만 꼭 해야 할 일은 합니다. 물도 정수기 물 안 먹고 약수터 가서 길어다 먹는데 부지런해야 그럴 수 있는 것 아니에요? 책도 쓰기 싫고 귀찮아 죽겠는데도 한번 마음잡으면 쭉 씁니다. 亥水가 있는데 목기가 장생하고 있고 寅을 살리잖아요.

火 대운에는 게을러지긴 하지만 약속이 있으면 칼같이 잘 지키는데 〈예제 70〉 같은 사람들은 약속도 잘 안 지킵니다. '어, 미안해 나 늦어' 하면서 항상 늦고 약속을 못 지킵니다. 金, 水라는 것은 철저해야 하는데 金, 水의 기운을 받아서 온 木이어야만 정해진 규칙대로 행동하게 되고, 〈예제 70〉은 그렇지 않기 때문에 자유롭게 행동합니다. 木, 火는 자유롭고 자기 마음대로죠. 한 시간 늦거나 안 오기도 하는데 약속을 지키는 것에 대해서 개념이 없다가 金 대운 들어가면서 개념이 생깁니다. 결국, 원국이 중요한 것입니다.

학생 〈예제 70〉은 옆집에 사는 시어머니 생신 때도 온다간다 말도 없이 안 간대요.

덕연선생 그렇죠. 水生木을 안 받았기 때문에 그런데 卯卯로 쓸데없는 일에만 바쁜 것입니다.

학생 현실적으로 水生木 안 받았다면 남편에게 받은 것이 없어서 시어머니한테 안 한다고 볼 수 있나요?

덕연선생 남편한테 안 받아서가 아니죠.

학생 남편은 부인밖에 모르고, 늘 같이 다니려고 한 대요. 이 사람은 자식한테 어떻게 하나요?

덕연선생 궁합이 좋은가 보죠. 자식은 오냐오냐할 것 아니에요? 천간에 己土로 띄워놓고 내 품에 戌로 가둬놓으려고 하겠죠. 火 대운에 火生土 하려고 하니 귀찮아도 챙기려고 할 것이고 애들이 뛰어나지는 않아도 금화교역이 되어 있으니 공부를 좀 할 겁니다. 火 대운 중이니까 금화교역을 받은 애들이라 기본적으로 공부를 잘합니다. 제가 어려서 금화교역 안 받았을 때는 맹했습니다.

4
대운이 걸어온 흐름 알기

학생 그럼 선생님은 火 대운 다 지나가면 다시 맹해지시나요?

덕연선생 아니요. 한번 지나온 것은 잃어버리는 것이 아니고, 자기 것이 되는 것입니다. 옛날에 자전거 타는 법 배웠는데 요즘 안탄다고 못 탑니까? 요리를 배웠는데 10년쯤 요리 안 했다고 칼질 못 하나요? 한 번 몸에 익히고 경험한 것은 자기 것이라고 보시면 됩니다.

<예제 72> 水 대운과 木, 水 대운을 걸어온 경우 비교

⬅ 방향

亥子丑 ❶
子丑寅卯 ❷

[水 대운으로 온 경우와 木, 水 대운으로 온 경우 설명 中]

똑같이 子 대운을 걸어가도 ①丑·子·亥로 걸어간 사람과 ②卯·寅·丑·子로 걸어간 사람은 완전히 다른 사람입니다. 卯·寅 대운을 거쳐 온 사람은 갖은 고생을 다 겪었습니다. 그러니까 그냥 子 대운 만난 사람은 맹하지만 卯·寅 대운 거쳐서 子 대운 만난 사람은 많은 경험을 내면에 담아 둔 상태에서 子 대운을 살아가니 경험으로 알고 있지만 움직이지 않는 겁니다. 그러므로 오히려 子 대운을 편하게 생각할 수 있습니다.

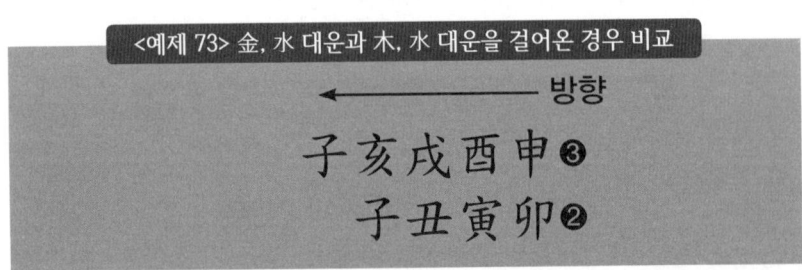

<예제 73> 金, 水 대운과 木, 水 대운을 걸어온 경우 비교

← 방향

子亥戌酉申 ❸
子丑寅卯 ❷

子·亥·戌·酉·申으로 거꾸로 간다고 쳤을 때, 똑같은 子 대운이라도 사주에 木, 火기氣가 부족한 상황이라면 ③申·酉·戌·亥·子로 온 사람이 고리타분하고 답답합니다.

똑같이 子 대운일 때, ②卯·寅·丑·子 대운을 지나온 사람의 감정은 卯·寅 대운 지나면서 산전수전 다 겪으면서 실수와 실패를 자주 경험했습니다. 많이 도전하는데 얄팍하니 많이 실패하고 남에게 휘둘려보기도 하고 뒤통수 맞기도 합니다. 시행착오의 경험들을 하고 나서 '아, 그렇게 하면 안 되겠구나!' 해서 안정 지향적으로 돌아선 사람입니다.

③申·酉·戌·亥·子 대운을 지나온 사람은 처음부터 안정 지향적으로만 살았던 사람이기 때문에 대단히 폐쇄적이고 보수적이며 깐깐합니다. 그래서 이 사람 스스로가 답답하다는 생각이 들고 나도 다른 사람처럼 펼쳐보고 싶은데 못 펼치니까 답답해하다가 나이 먹어서 일을 벌이기도 합니다. 그런데 ②卯·寅·丑·子로 木 대운 지나온 사람들은 나이 들어서 조용히 편하게 사는 것이 좋다고 생각하죠.

<예제 74> 金, 火 대운과 火, 金 대운을 걸어온 경우 비교

⬅ 방향

戌酉申未午巳 ❹
巳午未申酉戌 ❺

④巳·午·未·申·酉·戌처럼 巳·午·未 火 대운을 걸어와서 申·酉·戌로 들어가면 火 대운에서 사람들과 임청 교류했을 것 아닙니까? 능

[金, 火 대운과 火, 金 대운을 걸어온 경우 설명 中]

수능란하게 자기가 권모술수를 부려가면서 우위의 입장에서 행동했지만 정신적, 육체적으로 피곤하다고 느끼게 됩니다. 피곤하니까 金 대운에는 '나한테 오지 좀 마라. 이제는 있는 것만 가지고 먹고 살 거야' 이렇게 바뀌게 됩니다.

⑤戌·酉·申·未·午·巳 로 오는 것은 金 대운에는 웅크리고 살다가 火 대운에 답답하니까 나도 한 번 펼쳐보리라고 막 펼치는 것입니다.

흘러온 대운이 ⑤戌·酉·申·未·午·巳 로 살아온 사람은 과거에 내가 어떻게 하면 안정을 하는지에 대한 참을성이라든가 인내력을 배우긴 했는데 문제는 이 사람이 사회에 나가서 사람들의 권모술수나 속임수에 대해서 잘 알지를 못합니다. 평생 직장생활만 한 사람이 갈빗집 차려서 성공할 가능성이 얼마나 되겠습니까? 대부분 실패하는데 그 이유는 자기가 회사 다니면서 먹었던 갈빗집밖에 생각 안 하기 때문입니다. 여기 갔더니 잘 되더라, 저기 갔더니 잘 되더라 이런 정보밖에 모르는데 사업이라는 것은 종합예술입니다. 절대 내가 한 분야만 잘한다고 해서 돈 벌고 성공하는 것은 아닙니다. 마찬가지로 만약 수지침 사업을 한다면 수지침만 잘 놓는다고 성공합니까? 또한 가수가 노래만 잘한다고 성공하지 않습니다.

모든 것은 사상과 오행을 두루 겸비했을 때 성공할 수 있는 겁니다. 마케팅 능력도 있어야 하고, 자기를 홍보하는 능력도 있어야 하고, 진정한 실력도 있어야 하고, 내공도 있어야 하고, 경제적 부가가치로 끌어올리는 힘도 있어야 할 것 아닙니까? 이런 것들을 두루 겸비했을 때 그 사람이 비로소 그 분야의 것을 가지고 성공하는 것입니다.

사주 철학원 하는 것도 상담 능력이 매우 중요하고 공부를 깊이 하는 것 또한 당연히 중요합니다. 사주 상담을 하면 명리학만이 전부가 아닙니다. 애정 이야기, 돈 이야기뿐만 아니라 이런저런 분야의 사람들이 와서 다양하게 물어 봅니다. "학교 어디 가겠어요?"라고 물어보면 요즘 세대 입시가 어떻게 되는지, 학력고사를 보는지 수능을 보는지도 모르는데 옛날 생각만 하면 상담이 되겠습니까?

사회 돌아가는 것에도 밝아야 하고 두루두루 다 알아야 합니다. 그게 오행이 소통되는 것이고, 환히 아는 것이죠. 나이를 먹으면 자꾸 능수능란해지는 것이, 경험을 계속하게 되고 그런 경험이 쌓이게 되어 능수능란해지는 겁니다. 제가 볼 때 가장 좋은 것은 寅·卯·辰·巳·午·未·申·酉로 어려서는 木으로 고생 좀 하고, 火로 사회적으로 잘 나가도 보고, 金으로 말년에 가서 좀 조용히 가는 것도 괜찮습니다. 金의 결과물이 木 운을 거쳐 온 것과 木 운이 없는 것은 하늘과 땅 차이입니다.

[水,金 대운과 木,火,金 대운을 걸어온 경우 설명 中]

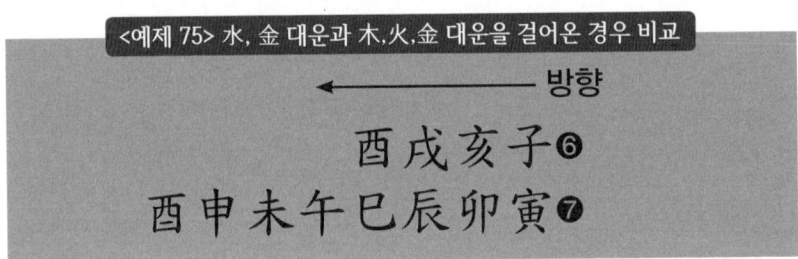

⑥子·亥·戌·酉 대운의 결과는 그냥 아끼고 모아서 안정중심으로 살아서 모은 재물이고, ⑦寅·卯·辰·巳·午·未·申·酉 대운을 겪어서 木, 火 운을 지나온 金의 결과물은 산전수전 공중전 다 겪어서 일을 크게 벌여 보기도 하고 아주 능수능란해진 상태에서 얻은 결과물이기 때문에 영원히 오래간다고 볼 수 있는데 ⑥子·亥·戌·酉 대운을 지나오면 언젠가 양을 만나면서 다 흩어져버리게 됩니다.

사주 구조에 따라 다르겠지만, 木처럼 실수하고, 실패하고, 까불고, 연애하는 것들이 초년에 와야 할 것 아니에요? 말년에 안정적으로 가야 하는데 木, 火가 말년에 와서 나이에 안 맞는 일을 하면 무리가 되는 겁니다. 연애를 스무 살짜리가 하면 누구도 욕하지 않지만 70세 할아버지가 하면 수군거리게 되죠. 나이에 안 맞는 짓을 하면 안 된다는 말이죠. 나이 60, 70세쯤 되면 벌어놓은 돈이나 노하우를 가지고 차분하게 운용하는 식으로 살아야 가장 안정적입니다. 물론 패스트푸드점에서 할아버지가 모자 쓰고 '예, 어서 오세요' 할 수도 있지만, 현실적으로는 드문 일이죠. ⑦寅·卯·辰·巳·午·未·申·酉가 연령대에 맞고 순차적으로 경험해야 할 것들인데 너무 경험을 못 하거나 너무 지나치면 인생에 문제가 된다는 겁니다.

학생 巳·午·未를 거친 申酉는 자체가 금화교역이 되었다는 건가요?

덕연선생 그렇죠. 세상 돌아가는 이해타산에 대한 경험을 다 한 겁니다. 크게 경험해보기도 하고요.

학생 木이 없이 巳·午·未로 살았다면 어때요?

덕연선생 어렸을 때부터 잘나고 멋있게 살았기 때문에 金 대운에는 조용히 삽니다. 그런데 木이라는 과정이 없었죠? 원국에 있는지는 모르겠지만, 木을 원래 가지고 있으면 잘 쓰겠죠. 木이 약한 상태에서 火, 金 운이 왔다면 과정 없이 큰 결과만 쫓아왔다고 볼 수 있습니다. 대운의 의미를 잘 생각하셔야 하는데 그 사람이 걸어온 대운에 따라 느끼는 감정이 다 다릅니다.

60대 가서 바람나는 운이 오면, 그때 새싹이 막 피어올라서 할아버지들도 머리에 기름 바르고 연애하려고 마땅한 할머니를 찾죠. 왜 그러겠어요? 젊어서 안 해봤기 때문이죠. 젊어서 연애 실컷 해본 사람들은 늙어서 절대 그렇게 안 합니다. 그게 오행의 진리잖아요.

5
연애와 바람기에 관한 심리

학생 절대는 아닌 것 같아요.

덕연선생 절대는 아니라고요? 팔자에 원래 가지고 있는 인자가 바람피우는 인자가 많다면 그 사람은 지속해서 피우겠죠. 젊어서 어려서 연애를 안 했던지, 아니면 어려서부터 연애를 많이 하다가 죽을 때 되어서 안 하든지 합니다.

木이라는 오행은 金하고는 완전히 반대편이죠. 金부터 시작해도 언젠가는 木을 만나게 되어 있습니다. 어렸을 때 꼴통이었던 사람이 나이 먹어서 정신 차리는 경우가 많고 어려서 얌전했던 사람이 나이 들어서 꼴통 짓 하는 경우가 많죠. 나이 들어서 꼴통 짓이 뭡니까? 바람피우고 경제적인 사고치고 도박하고 이혼하고 이런 게 사고 아니에요? 어려서 사고치는 건 뭐죠?

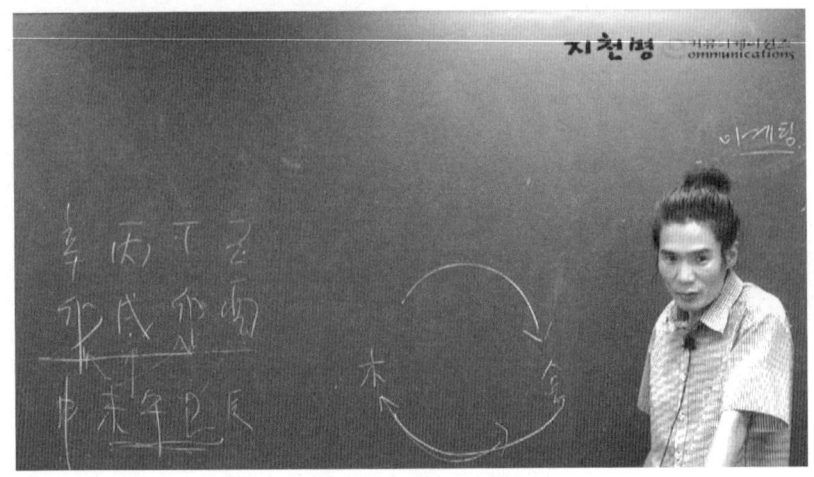

[대운의 木, 金에 관한 설명 中]

공부 안 하고 학교 안 가고 애들하고 짤짤이나 하고 연애질이나 하고 그런 게 꼴통 짓이죠?

그래서 늦게 바람나면 무섭다고 하잖아요. 오행의 진리는 돌고 도는 것입니다. 세월이 흐르며 맞이하는 오행의 변화에 따라 사람 마음은 바뀌는데 사람은 현재의 마음과 가치관이 평생 갈 거라는 생각을 합니다. 그것은 그 사람이 아주 짧은 시간의 관점만을 두고 관찰하여 판단하기 때문이고 인생 전체를 놓고 볼 때 사람이 180도 변화할 수도 있는 것은 당연한 겁니다.

저는 학교 다닐 때 되게 꼴통 문제아였고 골치 아픈 학생이었죠. 문제아도 두 종류가 있는데 남에게 해코지하는 문제아와 그냥 학교를 안 나오거나 공부를 안 하는 문제아가 있습니다. 저는 남을 괴롭히는 문제아는 아니었고 공부를 안 해서 고등학교도 간신히 졸업했습니다. 寅·卯·辰 지나오면서 卯 대운이 26세까지였는데 26세부터 공부를 하고 싶다는 생각이 들고 서서히 달라지기 시작해서 巳 대운이 들어오니까 완전히 생각이 달라졌습니다.

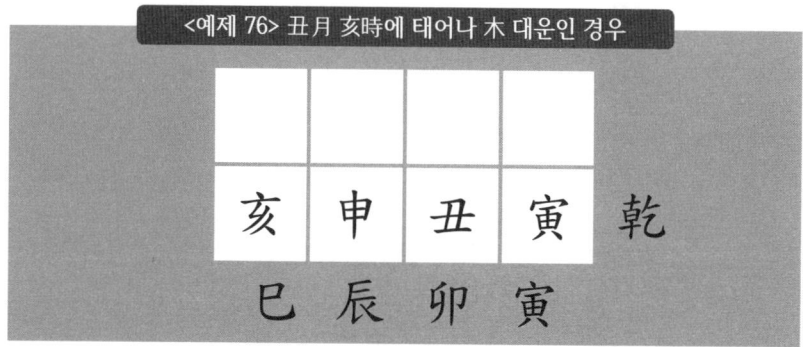

亥水가 있으니까 卯 대운을 만나면 丑月의 卯가 싹을 막 피우고 싶은데 싹이 터집니까? 지지에 火가 없으니 연애는 엄청 하고 싶은데 안 되는 거죠. 연애도 못 하면서 맨날 연애하는 꿈만 꾸고 다녔습니다. 예전에는 저희 집이 안양이었는데 여자가 잠깐 보자고 잠실로 오라고 하면 갔습니다. 지금은 귀찮아서 네가 오라고 하죠. 네가 오면 내가 생각해줄게 이렇게 바뀌었죠.

木 대운에 돌아다니고 많은 시행착오로 힘든 과정을 지나오니 이젠 지겹단 말입니다. 설령 바람을 피우라고 해도 귀찮아서 못 피우죠. 예쁜 여자가 오라고 해도 우리 동네로 오면 모를까 귀찮아서 바람도 못 피웁니다.

火 대운에는 이성 친구가 집 앞까지 오니까 그나마 연애를 하는 겁니다. 그런데 〈예제 76〉 지지에서 싹이 언제 나죠? 火가 와야 싹이 틀 것 아닙니

까? 木 대운은 너무 냉해서 싹이 틀 듯 말듯 틀 듯 말듯 하다가 火가 와야 트는 것입니다.

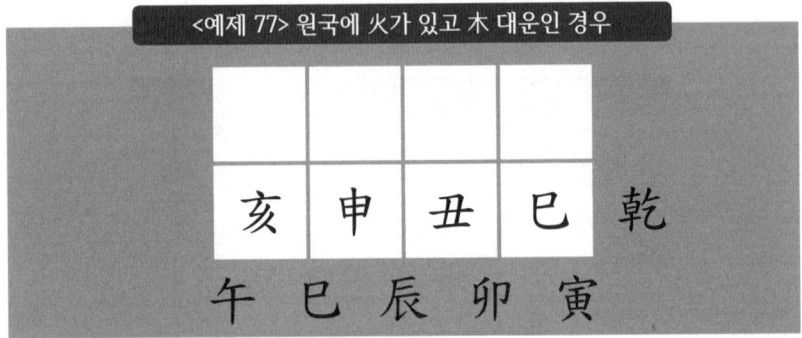

팔자 안에 火가 있으면 木 대운에도 그냥 불꽃이 일어나서 싹이 자연스레 자라나는 겁니다. 결혼하는 것도 전혀 문제가 없고 학창시절 이성교제도 많이 해보니 많은 연애 경험을 갖게 되죠. 나이 먹으면 火 대운 때는 '아이고, 여자도 귀찮다' 이렇게 바뀌는 겁니다.

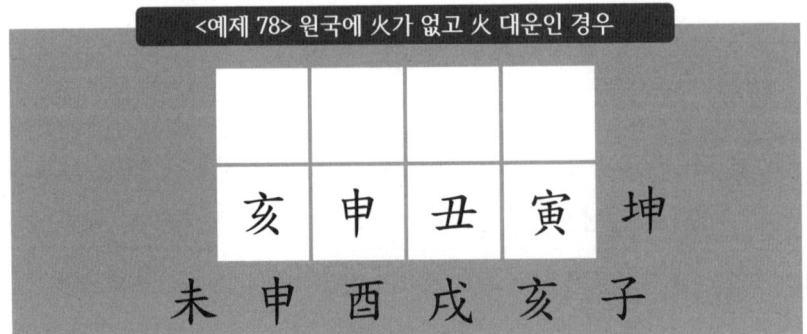

원국에 火도 없고 연애 경험도 없던 사람이 子·亥·戌 대운에 싹이 트겠습니까? 싹이 잘 안 틉니다. 불꽃이 寅木에서 확 살아나야 하는데 그럴 수 없고 戌 대운 午年에 간신히 결혼했다고 쳐요. 결혼은 했으나 이 사람은 뒤늦게 未 운 올 때 인정사정없이 창조의 불꽃이 마구 타오르겠죠? 이 사람이 未 운 만나면 연애가 귀찮겠어요? 처음에는 연애가 귀찮지 않다가 火 대운도 점점 뒤로 가야 귀찮게 느끼는 겁니다. 애정에서만큼은 아주 굶주렸으니 못다 한 한恨을 풀게 됩니다. 이런 형태는 늦바람나서 아주 골치 아플 수도 있는 겁니다.

학생 원국에서 소통이 잘되는 사람도 바람기가 오면 바람을 피우는 거예요?

덕연선생 소통이 잘되는 사람들이야 바람피우려고 마음만 먹으면 피울

[寅月 辰時에 태어나 金 대운인 경우 설명 中]

수 있지만 잘 안 피우죠. 그리고 바람을 피워도 전혀 문제없이 피웁니다.

〈예제79〉는 봄날에 꽃이 피려고 아침이슬이 맺혔는데 약간 추워서 문제이죠. 꽃이 필 듯 말 듯 한 그 상태입니다. 대운이 丑·子·亥운을 갈 때 水生木을 하니까 결혼하고 싶은 마음이 엄청 많았는데 연애가 잘 안 됐단 말입니다. 왜 그랬을까요?

<예제 79> 寅月 辰時生이 金 대운인 경우

庚	乙	庚	辛	
辰	丑	寅	亥	乾

未 申 酉 戌 亥 子 丑

火가 개입되어야 연애를 잘하는 겁니다. 이 사람은 戌 대운에서 결혼했는데 불꽃이 잠깐 탁 붙어서 戌 운이 결혼할 시기라고 봐야 되고 세운에서 양기가 솟아오를 때 결혼하게 됩니다. 대략 卯年에 결혼했는데 水 대운에는 水生木 하면서 엄청 연애하고 싶었을 겁니다. 근데 인성 운이라 마음만 水生木으로 연애하려고 했지만, 火 부족으로 꽃을 피워서 여자의 마음을 완전히 사로잡는 데까지는 부족합니다. 운도 인성 운이니까 기다리는 거죠. 자기가 들이대는 게 아니고 여자가 자기한테 다가와 주길 기대하는 마음으로 살다 기회가 올 때 결혼한 겁니다. 이후 쭉 金 대운을 걸어가게 되어 별문제 없이 가정을 유지합니다.

그런데 나이 먹어서 未 운이 오면 양기가 충천하면서 寅, 亥가 합하고 목기가 발동되어 뒤늦게 바람피울 수 있습니다. 재가 많다고 무조건 바람피우는 게 아니고 이 사람은 재가 많은데 金 대운이니 이제까지는 사회적으로 돈 버는 데에 재를 쓰고 있어서 아랫사람이나 거래처로 쓰다가 未 대운에 목기로 바뀌면서 생명을 잉태하는 데 쓰게 됩니다. 자식도 결혼하자마자 바로 낳았겠네요. 丑土 여자 같으면 집에 있고 답답한 여자이고 辰이나 亥중 戊土 여자라면 좀 다릅니다.

학생 부인이 초등학교 선생이래요.

덕연선생 초등학교 선생이면 亥中 戊土 여자인데 이 남자가 좋아하는 여자는 辰土이겠죠.

학생 왜 辰土가 좋아요?

덕연선생 辰土에 양기가 많이 들어있으니까요.

학생 관이 年에 있어서 초등학교 선생이라는 건가요?

덕연선생 초등교사는 年에 있는 亥中 戊土라고 봐야 하죠. 관성도 있고 식상도 있으니까 초등학교에서 식상(특수직)을 쓰는 일을 할 것 같은데 부인이 학교에서 뭐 합니까?

학생 부인이 뒤쳐지는 아이들 공부 가르치는 일을 해요.

덕연선생 특수식입니다. 寅月에 亥水 여자가 水生木 하니 나쁠 건 없지만 차가우므로 기운은 안 맞죠? 천간에 乙과 辛이 극하고 金 대운 걸어갈 때 辛金이 세지는 데 여자의 상관인 식상이 세지니까 남자 입장에서는 좀 피곤할 수 있습니다. 여자가 상관으로 남편(乙丑)을 극하니까 좀 피곤하다고 볼 수가 있고 감정적으로도 안 맞을 수 있습니다.

남자도 火生土 하지 않으니 여자한테 잘하지 못하고 여자가 다 해주기를 바라고 있는데 여자는 남자가 火生土로 자기를 生 해줘야 좋아하겠죠? 여자는 亥에서 水生木으로 남자의 록을 만들어주는데 기여하고 노력하지만 대신 잔소리도 많이 합니다. 남자는 辰土 여자가 좋아서 나중에 辰土를 만나면 바람이 나게 됩니다.

다른 예제를 살펴보겠습니다.

<예제 80> 申月 辰時에 태어나 寅 대운인 경우

丙	戊	庚	戊	
辰	寅	申	戌	乾

丙	乙	甲	癸	壬	辛
寅	丑	子	亥	戌	酉

학생 부인하고 사이가 안 좋아요.

덕연선생 부인하고는 사이가 안 좋고 다른 여자하고 사이가 좋겠네요.

학생 부인을 申金 중 壬水로 봐야 하나요?

덕연선생 그렇죠. 여름에 양기가 있는데 亥·子·丑 운이 오니까 寅木이 자랍니다. 가을 申月의 더위에 연애의 씨앗이 있는데 水 운이 와서 비를 뿌리면 싹이 나오겠죠. 바람도 이 여자 저 여자하고 마구잡이로 피우는 게 아니라 한 여자하고 오랫동안 지속적으로 피우는 형태입니다. 金의 특성인 가을 기운이 간섭해서 金 운에 바람피우면 그렇게 바람을 피웁니다. 水 운에서 바람을 피워 왔고 寅 운에서도 아직 水가 안 말랐으니 꾸준히 지속해서 오랫동안 바람을 피워왔을 것 같은데 절대로 안 들키겠죠.

학생 본인은 바람피우지 않았다고 해요.

덕연선생 말로는 아니라고 하죠. 바람피우는 사람이 바람피운다고 합니까? 하하

학생 재성을 여자가 아니라 부하 직원이나 부리는 사람으로 볼 수도 있잖아요.

덕연선생 이 사주는 재성을 사회적으로도 쓰고, 목기인 寅木이 있어서 생명 잉태의 씨앗이 있습니다. 水를 만나면 씨앗이 자라나겠죠. 이 여자 저 여자하고 바람피우는 게 아니라 한 사람을 그냥 지속해서 오랫동안 만나고 水 대운이니까 잊어버릴 만하면 석 달에 한 번 육 개월에 한 번 만나는 사이입니다.

木의 사랑은 이랬다저랬다 하고 이 사람 저 사람을 가리지 않고 만나고, 금방 사랑이 피어올랐다가 금방 식었다 하는 게 木의 사랑인데 火의 사랑은 불꽃처럼 피었다가 사라지는 것입니다.

학생 戊寅을 쓰면 木의 사랑으로 봐야 하나요?

덕연선생 대운에서 水 운의 간섭을 받아서 가을에 이슬비가 내렸으니 싹이 텄습니다. 온도와 습도가 맞으면 생명은 무조건 싹을 틔우게 되어 있어

서 겨울에도 온실 효과만 내면 싹이 나게 되는데 火 운이 오면 연애하고 싶어도 귀찮아서 안합니다.

이 사주는 水生木하니 연애가 귀찮지 않고 온도가 딱 맞아서 좋겠죠. 건조한 사주에 水 운이 와서 물이 들어와 있으니까 이것저것 잘하고 사회적으로도 별문제 없이 잘 됩니다. 애정적으로도 申 중의 壬水가 부인이라면 남자가 金生水로 부인을 식상관으로 살리고 있는데 水 운에 부인이 강해졌으니 남자가 여자 눈치를 보겠죠.

辰土의 여자는 어떻습니까? 辰 중의 癸水 여자는 남자한테 木生火 하니 '오빠, 난 오빠 같은 남자 처음 봤어. 아무리 봐도 멋있네' 라고 이야기하니까 그 여자가 당연히 좋고 연애하게 됩니다.

대운의 천간이 辛·壬·癸·甲·乙·丙으로 가는데 甲子, 乙丑이니까 庚申 여자가 싫어지고 丙辰으로 辰土 여자를 만나러 가긴 했는데 丑 대운에 조금 소원해지지만, 남자가 계속 辰土를 그리워합니다. 丙辰 여자가 멋져 보이는데 자기 부인은 어떻습니까? 재주 좋고 실리적인 사람이고 마음은 따뜻하고 부드러운 사람이지만 깐깐하죠. 부인은 같이 살면 물론 애교도 있지만, 겉이 뻣뻣한 게 아쉽습니다. 그런데 辰土 여자는 뻣뻣하지 않고 '오빠밖에 없어' 하면서 예쁜 허풍을 칩니다.

학생 申月인데 부인이 申 속에 들어있으니 세게 느껴진다는 거죠?

덕연선생 부인이 申으로 포장되어 있고 庚申이 깐깐하니 자기 부인이 좀

[申月 戊寅의 여자에 관해 설명 中]

깐깐한 면이 있지만, 같이 살아보면 착합니다. 부인이 착해서 같이 살기는 하고 버릴 수는 없는데 마음에 꼭 들지는 않죠. 게다가 운에서 甲子, 乙丑으로 오니 부인이랑 얘기하고 싶지 않고 더는 얼굴 보기 싫어지는 겁니다.

학생 申月의 丙辰은 순수하다고 보나요?

덕연선생 辰土 여자가 순수한데 申月이기 때문에 매우 현실적인 여자입니다. 申月이라 아직 양기가 필요한 시기이니 순수한 듯 보이지만 현실적인 겁니다. 酉月이 되어야 火기는 순수해집니다. 辰土 여자는 丙火로 현실적이고 이상적인 정신세계를 가지면서도 辰으로 부드럽고 포근하기 때문에 좋은 겁니다. 庚申 부인보다 丙辰 여자가 훨씬 나은데 대운의 흐름으로 보니 丙寅 운에서 丙庚 충해서 부인과 멀어질 것으로 보입니다.

학생 庚申의 여자를 안 만나고 어떤 운의 간섭으로 첫 여자를 丙辰의 여자를 만날 수도 있는 거예요?

덕연선생 운의 간섭으로 그렇게 될 순 있는데 보통 거치고 지나쳐야 그렇게 될 수 있습니다. 혼인 신고만 안 하고 같이 살았다든지, 일 년 정도 살다가 헤어졌다든지 이런 식으로 팔자의 여자를 거쳐서 끝에 가서 丙辰을 만날 수 있게 된다고 보셔야 합니다.

학생 아들이 서울대 나와서 사법고시 합격했는데 아들은 戊寅으로 봐야 돼요?

덕연선생 戊寅이나 丙辰인데 아들은 丙辰이라고 볼 수 있고 辰 중 乙木이죠.

학생 寅木으로 볼 순 없어요?

덕연선생 戊寅이면 火가 없고 가을인 申月이기 때문에 火를 좀 만나야 애가 괜찮게 됩니다. 그러니 丙辰의 자식이라고 볼 수 있습니다.

학생 戊는 火로는 안 보는 거예요? 열기熱氣로만 보는 거예요? 丙火를 가지고 있으니까 火가 木生火 한다고 보는 거 아니에요? 申月의 辰時면 양기가 있다고 봐야 하는 거 아닌가요?

덕연선생 戊가 왜 火죠? 양기는 있는 거죠.

학생 그럼 丙火가 뗏들어진 거 아닌가요?

덕연선생 공부를 잘하려면 水生木을 잘 받은 木이어야 되고 亥·子·丑 운으로 오면서 水生木, 木生火(丙), 火生土(戊), 土生金(庚)까지 가니까 딸이건 아들이건 자식은 괜찮습니다.

학생 딸은 선생이고 아들은 사법고시 합격했어요.

덕연선생 木 입장에서 관이 金인데 年에 戊土로 있어서 딸이 선생으로 관록을 갖다 썼죠. 그럼 庚申이 아들의 관록이고 나중에 木 대운으로 가니까 사업하는 자식이라고 봐야겠죠.

　이와 같은 방법으로 사람의 마음이나 심리를 읽어 들어갑니다. 육친하고 오행하고 되게 미묘하죠? 태어난 月이 申月, 酉月, 戌月, 辰月 등 월별에 따라서 그 사람의 모든 것이 다 결정 난다고 봐야 합니다. 사주 볼 때 우선 원국에서 계절의 한난조습寒暖燥濕을 통한 풍화서습조한風火暑濕燥寒을 먼저 판단하고 운을 어떻게 만나느냐에 따라서 어떻게 변해갈지를 보면 이 사람이 어떤 마음을 먹고 어떻게 행동할지 훤히 보인다는 겁니다. 여러분도 심도 있게 계속 찾아 들어가면 찾아지실 거라고 믿습니다. 이것으로 사주 심리학 강의를 마치겠습니다.

책을 마치며

　사람의 심리는 백인백색百人百色으로 작용하기 때문에 몇 가지 패턴이나 경향성으로 정의 내릴 수 없음을 알 수 있었다. 인간이 음양오행의 소산이라는 것은 그 본성 자체가 음양오행의 원칙을 가졌을 뿐만 아니라 자신이 타고난 환경에 의해 완벽하게 지배 받고 있기 때문이다. 환경은 風·火·暑·濕·燥·寒으로 표현하는 날씨, 빛과 어둠이 결합되어 생성된 자연현상이며 인간은 그것에 지배받아 다양한 심리적 패턴을 나타내게 되는 것이다. 음양오행을 아는 것은 단순히 木, 火, 土, 金, 水의 고유의 성질만을 아는 것이 아닌 그것이 합쳐져서 발생되는 다양한 경우의 수를 분석하는 것이기 때문에 결코 단순한 문제가 아니다. 그렇다 할지라도 선학들의 도움으로 우리는 그 근본 원리를 파악할 수가 있음에 감사한 마음을 금할 길 없다.

　인간의 심리를 이해하는 것은 인간의 근본적 욕구를 이해하는 것에서부터 시작되어야 한다. 욕구는 생존의 욕구에서부터 시작되어 물욕, 명예욕, 자아실현의 욕구 등 다양한 욕구가 존재한다. 명리학의 문자에 담겨진 욕구를 이해하기 위해서는 인간 본성에 관한 공부가 병행되지 않으면 심리학을 완전히 이해하기란 불가능 한 것이다. 또한 마음의 중도를 이루기 위해 인간 욕구에 관한 통찰도 필요하고 자신의 욕구를 관찰하면서 오랜 노력과 수행을 하여야만 더욱 깊은 통찰을 얻게 될 것이다.

자신의 감정을 다스리지 못하면 삐뚤어진 심리작용이 일어나기 때문에 그런 상태에서 타인의 심리를 통찰하기란 불가능하므로 무엇보다 자기 정진을 통한 자아성찰이 먼저 이루어져 한다는 것이다.

감정은 정신을 지배하고 육체는 정신작용의 결과물(찌꺼기)이다. 현재 자신의 모습과 삶은 모두 내가 갖고 있는 심리와 감정의 결과물인 셈이다. 그것은 건강, 사회, 경제, 문화, 가정 등 나의 삶 모든 전반에 걸쳐 결과적으로 나타난 것이다. 인간이 중용을 지킨다는 것은 참으로 힘든 일이 아닐 수 없다. 인간의 감정은 조건에 따라 시시각각 변화여 어쩔 수 없이 치우친 작용을 할 수 밖에 없다. 명리학은 그 치우침을 알려줌으로써 지금껏 알지 못했던 자신을 되짚어 보게 되어 보다 치우치지 않은 인간으로 거듭나게 하는 철학적 메시지를 전하고 있다.

명리학의 심리를 재미나 흥미로 접근 하는 것도 좋겠지만 보다 심도 있는 통찰의 세계로 들어가면 나의 삶의 질을 높이는 동시에 나를 둘러싼 모든 사람들의 심리 또한 이해할 수 있게 된다. 또한 왜곡되고 편협 된 가치관을 벗어다 나와 다른 타인의 삶을 보다 열린 마음으로 수용하게 됨으로써 자신의 인간적, 물질적, 사회적 영역의 확장되는 기적을 체험하게 될 것이고 나아가 풍요롭고 향기로운 한 인간으로 거듭나게 될 것으로 생각된다.